우리 땅 독도를 지킨
안용복

우리 땅 독도를 지킨
안용복

초 판 1쇄 발행 2010년 10월 15일
개정판 1쇄 발행 2025년 9월 1일

지은이 권오단
그린이 강화경
발행인 권윤삼
발행처 도서출판 산수야

등록번호 제2002-000278호
주 소 서울시 마포구 월드컵로 165-4
전 화 02-332-9655
팩 스 02-335-0674

ISBN 978-89-8097-632-4 (73810)

값은 뒤표지에 있습니다. 잘못된 책은 바꿔드립니다.

이 책의 모든 법적 권리는 저자와 도서출판 산수야에 있습니다.
저작권법에 의해 보호받는 저작물이므로
저자와 본사의 허락 없이 무단 전재, 복제, 전자출판 등을 금합니다.

www.sansuyabooks.com
sansuyabooks@gmail.com
도서출판 산수야는 독자 여러분의 의견에 항상 귀 기울입니다.

우리 땅 독도를 지킨
안용복

이곳은 조선의 땅이고 나는 조선의 어부요

권오단 글 | 강화경 그림

산수야

글쓴이의 말
우리 땅 독도를 지키는 사람들

울릉도 동남쪽 뱃길 따라 87K
외로운 섬 하나 새들의 고향……

이곳이 어딘지 눈치 빠른 친구는 벌써 알아챘을 겁니다. 맞아요, 바로 우리나라 동해의 가장 끝자락에 있는 독도입니다. 여러분 중에는 독도에 직접 가 본 친구도 있을 거고, 뉴스나 학교에서는 여러 번 들었어도 한 번도 가 보지 못한 친구도 있을 거예요. 직접 가 봤든 가 보지 못했든, 이 땅에 사는 모두가 우리 땅 독도에 대해 관심을 가지고 있을 거라고 생각합니다.
우리 말고도 독도에 크나큰 관심을 가지고 있는 나라

가 있습니다. 바로 일본입니다. 이 책을 처음 쓴 15년 전에도 일본은 초등학교 사회 교과서에 독도가 일본 땅이라고 적어 놨으니 말이죠. 더 기가 막히는 건 15년이 지난 올해부터, 일본 중학생들이 독도는 처음부터 일본 땅이었다고 적혀 있는 지리, 역사, 사회 교과서로 공부하고 있다는 사실이에요. 내년 새 학기부터는 고등학생들이 일본 땅인 독도를 한국이 불법으로 차지하고 있다고 적힌 사회 교과서로 공부한다고 합니다. 더 심각한 건 일본 정부 역시 걸핏하면 독도를 자기들 땅이라고 말하고 있다는 거죠. 이대로 가다가는 일본의 학생들은 앞으로도 계속 교과서를 통해 독도를 일본 땅이라고 배울 거고, 정말 자기네 땅이라고 착각할지도 모릅니다.

반면에 우리나라는 어떤가요? 일본의 야심을 뻔히 알면서도 마치 남의 일인 양 관심을 기울이지 않는 사람들이 너무 많아요. 의식이 있는 몇몇 사람들이 모여 독도가 우리 땅임을 전 세계에 알리는 등 여러 가지 노력을 하고 있지만, 아직까지는 그 수가 매우 적다는 게 아쉽죠.

이럴 때 생각나는 사람이 있습니다. 조선 시대 독도를 일본으로부터 지키기 위해 발 벗고 나선 용감한 사람. 바로 안용복입니다. 안용복은 양반도 아니고, 정치가도 아닌 그저 평범한 어부였습니다. 하지만 양반도, 정치가도, 관리들도 다 나 몰라라 하던 독도를 지키기 위해 자신의 삶을 다 바친 의지의 한국인이었죠. 실제로 그는 일본에까지 건너가 에도의 도쿠가와 막부로부터 '독도는 조선의 땅'이라는 문서를 받아 올 정도로 배포가 큰 인물이었습니다. 실학자 이익도 『성호사설』이라는 책에서 안용복에 대해 이렇게 말했다고 합니다.

> 안용복은 죽음을 무릅쓰고 나라를 위해 강적과 겨뤄 그 간사한 마음을 꺾고, 여러 대에 걸친 분쟁을 그치게 하였다. 계급은 일개 졸병에 불과해도 행동한 것을 보면 진짜 영웅호걸답다.

이렇게 독도를 지키기 위해 목숨을 걸었던 안용복은 상을 받기는커녕 도리어 관청에 끌려가 매를 맞고, 귀양을 갔고, 사형을 당할 뻔하기까지 했습니다. 아무 벼슬도 없는 백성이 작은 섬 때문에 조선과 일본 두 나라의 외교 관계에 끼어든 것이 문제라고 생각한 거죠.

그래서 안용복을 벌하기는 했지만, 조선 조정도 안용복의 일이 있고 나서 울릉도와 독도도 우리 영토이니 지켜야 한다는 것을 다시금 깨달았습니다. 예전부터도 조정에서는 관리를 보내 울릉도와 독도 일대를 순찰하게 했지만, 임진왜란과 병자호란을 겪으면서 변방에 대한 관리가 소홀해졌습니다. 그러다 안용복의 일을 계기로, 울릉도와 독도에 '수토사'라는 관리를 2, 3년에 한 번씩 파견해 순찰하고 관리하게 했다고 해요. 하지만 시간이 흐르면서 관리가 점점 소홀해지게 되었고, 고종 때에는 비용이 너무 많이 든다고 수토사 파견을 중단하게 되었죠. 그 때문에 울릉도와 독도에 일본인들이 몰래 들어와 고기를 잡고 나무를 베어 가는 일이 많아졌어요. 조선 조정은 독도가 얼마나 소중하고 커다란 가치가 있는지 끝까지 꿰뚫어 보지 못한 거죠. 참으로 안타까운 일입니다.

　20만 제곱미터도 되지 않는 독도를 일본이 왜 그토록 빼앗지 못해 안달할까 궁금하지 않나요? 첫째는 경제적인 가치 때문입니다. 독도 주변 해역은 황금 어장이거든요. 연어, 송어, 대구와 같은 어류들이 매우 풍부하답니다. 또 독도 주변 바다 밑에는 엄청난 양의 천연 가스층이 있어요. 둘째로는 군사적인 가치 때문입니다. 독도에 있는 관측소에서 주변 나라의 동태를 빨리 감지해서 한반도 본토를 안전하게 지킬 수 있죠. 마지막으로는 지질

학적 가치 때문입니다. 약 450만 년 전에 생성된 독도는 해저산의 진화 과정을 한눈에 알아볼 수 있는 세계적인 지질 유적이기도 하답니다.

 이렇듯 소중한 독도를 여러분에게도 꼭 알려 주고 싶은 마음에 안용복 이야기를 쓰게 되었습니다. 이 책에서는 조선 시대에 독도가 우리 민족에게 어떠한 역사적 가치가 있었는지 살펴보고, 독도를 지키기 위해 안용복이 얼마나 애를 썼는지 이야기로 풀어 냈습니다.

 이야기를 읽고 독도가 홀로 있는 외로운 섬이 아니라 우리 가까이에, 우리 마음속에 살아 있는 소중한 영토라는 것을 느꼈으면 좋겠습니다. 그래서 제2, 제3의 안용복이 나오기를 간절히 바랍니다. 여러분 한 사람 한 사람이 이 땅 곳곳을 사랑하고 지키는 자랑스러운 한국인이 되었으면 합니다.

권오단

차례

글쓴이의 말   5
일러두기   12
안용복과 독도 관련 연대표   14

당찬 소년   18
상인이 된 용복   27
여기는 조선 땅이다   34
시비를 가리다   47
쓰시마 도주의 흉계   56
굳은 결심   71
울릉도로 가자   90
아들 섬 독도   97
왜국으로   116
담판을 짓다   132
그리운 집으로   147

독도 담판 뒷이야기   152
참고문헌   155

일러두기

    독도의 이름은 일찍부터 기록에 오르내린 울릉도와 관련지어 설명할 수 있다. 한반도 본토에서 건너가 살게 된 사람들이 세운 '우산국(울릉도의 옛 이름)'이 신라의 땅이 된 것은 512년이었다. 『삼국사기』에 보면 '지증왕 13년(512년) 6월에 우산국이 신라에 속했다.'는 기록이 남아 있다. 이후 우산국의 명칭을 '울릉도'라고 고치면서 그 부속 섬인 독도를 '우산도'라고 부르게 되었다. 조선 시대에는 독도를 삼봉도, 우산도, 가지도라고 불렀다.
    초기 울릉도 이주민들 중에는 전라도 남해안 사람들이 많았는데, 이 사람들은 돌로 이루어진 독도를 보고 '독섬'이라고 불렀다고 한다. '돌섬'의 전라도 사투리인 것이다. 그것이 이후에 '독도(獨島)'로 표기되었다. 지금도 울릉도 주민들은 독도를 '독섬' 혹은 '돌섬'으로 부르고 있다. 안용복이 1696년 일본에 다녀온 뒤 비변사[1]에서 조사를 받으면서『조선왕조실록』에 기록된 독도의 또 다른 이름은 '자산도'다. 우산(于山)과 자산(子山)의 한자 표기도 비슷하지만 당시 어부들이 독도를 울릉도의 아들 섬이라 해서 그렇게 많이 불렀다고 한다. 행정 지명으로서 '독도'라는 이름을 처음 언급한 건 1906년 울릉군수 심흥택이었고, 1914년 행정구역 개편으로 경상북도에 편입되어 오늘에 이르고 있다.

---

1. 조선 시대에 군사 관련 업무를 맡아보던 관아. 임진왜란 이후에는 국정 전반을 총괄하게 되었다.

안용복과 독도 관련 연대표

1693년	4월 18일	안용복과 박어둔, 울릉도에서 일본 어선에 납치
	4월 20일	오키 국에 도착, 오키 국 관리들의 조사를 받음
	5월 9일	에도에 있는 돗토리 번 저택에 안용복 사건 보고
	5월 10일	돗토리 번 중신이 에도 막부에 안용복 사건 보고
	5월 13일	에도 막부, 안용복 일행을 나가사키로 보내도록 돗토리 번에 지시
	6월 7일	나가사키로 출발
	6월 30일	나가사키에 도착
	9월 2일	배를 타고 쓰시마로 이동
	9월 4일	쓰시마 관리의 조사를 받음
	9월	쓰시마 도주, 조선 조정에 안용복 사건을 알리고 조선 백성의 다케시마(울릉도) 출입을 금지해 달라고 요청
	10월 22일	쓰시마 사신 다다 요자에몬, 안용복과 박어둔을 데리고 조선으로 출발
	11월 2일	다다 요자에몬, 안용복, 박어둔 왜관에 도착, 조선 조정에 쓰시마 도주의 서신 전달
	11월 18일	조선 조정, 울릉도에 대해 일본에 어떻게 대응할지 논의
	12월	조선 조정, 쓰시마에 울릉도는 조선 영토라고 분명히 밝히는 답신 보냄
	12월 10일	안용복과 박어둔을 조선에 돌려보냄

안용복의 1차 일본행

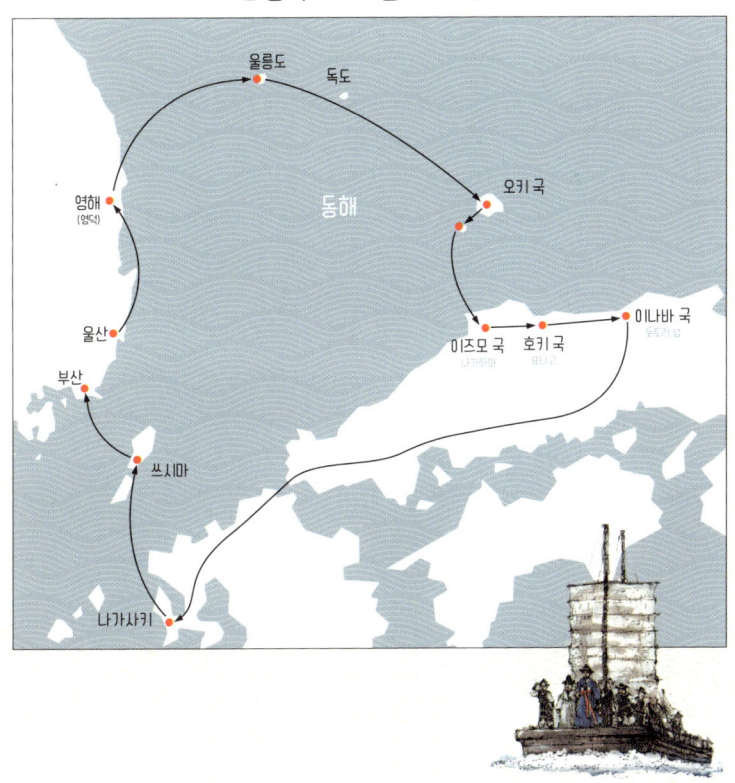

1696년	1월 28일	에도 막부, 일본 어민의 울릉도, 독도 출입 금지 명령
	3월 18일	안용복 일행 울릉도로 건너감
	5월 15일	독도로 건너감
	5월 16일	독도에 온 일본 어부들을 꾸짖고 내쫓음, 일본으로 출발
	5월 18일	오키 국에 도착
	5월 20일~22일	오키 국 관리들에게 조사를 받음
	5월 22일	소송장 작성
	6월 5일	이나바 국 아오야에 도착
	6월 12일	근처의 도젠지라는 절로 옮겨짐
	7월 17일	아오시마에 갇힘
	8월 6일	안용복 일행 조선으로 출발
	8월 말	안용복 일행 조선에 도착, 강원 감사에게 체포
	8월 29일	강원 감사의 안용복 일행 관련 보고 조정에 접수
	9월 25일	비변사에서 안용복을 신문
	9월 27일	안용복의 처형 결정
	10월 13일	안용복 처분에 대해 다시 논의, 남구만과 신여철이 안용복 변호
	10월 16일	전 쓰시마 도주 소 요시자네, 일본 어민의 울릉도 출입 금지 명령을 조선 역관에게 전달
1697년	1월 10일	조선 역관이 조선에 귀국, 이후 일본의 울릉도 출입 금지 명령이 조선에 공식적으로 전달됨
	1월 22일	일본에서 일본 어민의 울릉도 출입 금지 명령에 대한 조선의 답신 요청, 이후 1년여 동안 조선과 일본, 양국의 입장 차이를 좁혀 나감
	3월 27일	안용복, 사형에서 유배형으로 감형
	4월 13일	숙종, 2년마다 울릉도, 독도 일대를 순찰, 관리하도록 명령
1698년	4월 4일	조선 조정, 울릉도가 조선 땅임을 밝히는 서신 쓰시마에 전달
	6~7월	쓰시마, 조선의 서신을 에도 막부에 전달, 막부에서 받아들임
1699년	1월	쓰시마, 조선에 막부의 양해 알리는 서신 보냄(3월에 전달됨), 울릉도와 독도 영유권 문제를 매듭지음

안용복의 2차 일본행

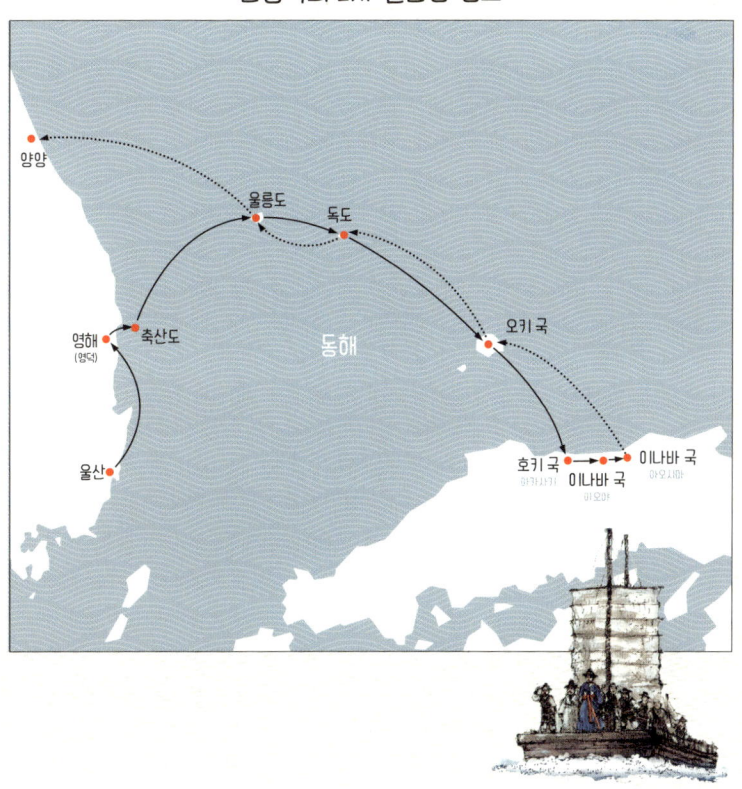

당찬 소년

"와아아아!"

늦은 오후, 동래[2]의 경상좌수영[3] 앞 해변에서는 단오를 맞아 씨름 대회가 열리고 있었다. 벙거지를 쓴 군졸들이 둥글게 모여 함성을 질렀다.

"씨름 대회에서 장원을 하면 크든 작든 한 가지 소원을 들어주겠다!"

수군절도사[4]의 약속에 수군에서 힘깨나 쓴다는 장정

---

2. 지금의 부산광역시.
3. 조선 시대에 동남 해안을 관할했던 군영. 조선 시대에는 잦은 왜구의 침략을 막기 위해 부산에는 경상좌수영을, 통영에는 경상우수영을 세워 남쪽의 방위를 책임졌다.
4. 조선 시대 각 도 수군의 지휘관 임무를 맡은 무관.

들이 모두 씨름 대회에 출전했다. 절도사의 약속도 약속이지만 수영 내에서 최고 장사로 꼽히고 싶은 마음이 컸기 때문이다.

씨름 대회는 점심부터 시작되어 늦은 오후가 되도록 계속되었다. 그리고 마침내 장원을 겨루는 마지막 판이 벌어졌다. 모래판 위에서는 덩치가 산만 하고 우락부락하게 생긴 어른과 열예닐곱 정도 되어 보이는 앳된 소년이 샅바를 마주 잡은 채 힘을 겨루고 있었다.

"용복아, 힘내라!"

"용복아, 단번에 넘겨야 해!"

빙 둘러앉아 구경하던 군졸들이 주먹을 휘두르며 소리를 질러댔다. 결승전을 치르는 두 사람 중 머리를 땋아 더욱 어려 보이는 소년의 이름이 바로 안용복이었다. 용복은 좌수영의 힘센 장사들을 줄줄이 꺾고, 당당히 결승에 진출했다. 좌수영 사람들은 노를 젓던 어린 용복이 결승까지 오르리라곤 예상하지 못했기에 놀라움이 컸다.

"허허, 고 녀석 참!"

군졸들은 모두 일손을 내팽개친 채 우르르 달려와 용복을 응원했다. 하지만 상대는 좌수영에서 가장 힘이 세다는 석쇠라는 사내였다. 석쇠는 이전에도 씨름 대회에서 몇 차례 우승한 적이 있는 장사였다.

"흐흐, 콩알만 한 네 녀석이 내 상대가 되겠느냐?"

석쇠가 씩 웃더니 먼저 들배지기로 용복을 번쩍 들어 모래판에 내리꽂았다. 무참하게 내리꽂힌 용복은 세상이 빙글빙글 도는지 얼른 일어나지 못했다. 목청껏 용복의 이름을 부르던 군졸들은 일제히 얼굴을 찡그렸다. 용복이 한 판을 지자, 힘껏 응원하던 이들이 슬슬 한숨 섞인 목소리로 용복의 패배를 점치기 시작했다.

"덩치가 두 배인데 어떻게 석쇠를 이기겠어?"

하긴 웬만한 장사들보다 키도 크고 덩치도 다부진 석쇠를 상대하기에 용복의 덩치는 너무나 작았다.

용복은 모래 위에 주저앉은 채로 멍하니 석쇠를 올려다보았다. 큰 바위처럼 우뚝 서 있는 석쇠의 어깨 위로 지는 해가 걸려 눈이 부셨다. 용복은 정신을 가다듬고 자리에서 벌떡 일어났다.

"더 할 테냐?"

석쇠가 이죽거리며 물었다.

"삼세판이니, 아직 두 판이 남았잖아요."

용복은 바지에 묻은 모래를 탁탁 털어 내고, 샅바를 잡기 위해 무릎을 꿇었다. 용복과 석쇠가 샅바를 팽팽하게 잡고 다시 자리에서 일어났다.

"젖비린내 나는 녀석! 이번에는 허리를 꺾어 주마."

"큰소리치지 마세요."

말이 채 끝나기도 전에 용복이 '끙' 하는 소리와 함께 오른손에 힘을 주었다. 순간 두 다리에 힘을 주고 버티던 석쇠의 얼굴이 일그러지는가 싶더니, 이내 굵은 두 다리가 칡덩굴 딸려 나오듯 쭉 들렸다.

"으랏, 차차차!"

용복은 석쇠를 허리춤까지 들어 올린 다음, 허리를 살짝 돌려 그대로 넘어뜨렸다. 용복이 당했던 들배지기로 되갚은 것이다. 덩치 큰 석쇠가 모래판 위에 보기 좋게 대자로 나동그라졌다.

"와, 용복이가 이기다니……."

군졸들은 어안이 벙벙한 표정을 지었다.

"이제 마지막 한 판 남았지요?"

용복이 싱글벙글 웃으며 모래판에 멍하니 앉아 있는 석쇠에게 말했다. 석쇠는 분한 듯 콧바람을 식식거리며 일어났다. 씨름판의 열기는 훨씬 더 뜨거워졌다.

용복과 석쇠가 잔뜩 긴장한 채로 샅바를 잡고 자리에서 일어났다.

"이번에는 가만두지 않을 테다."

석쇠가 이를 우두둑 갈았다. 용복은 바짝 긴장하며 석쇠의 샅바를 단단히 붙잡았다.

징 소리가 울리기를 기다리는 구경꾼들은 숨소리조차 내지 않았다. 하릴없이 바쁘게 날아다니는 갈매기 소리와 수시로 바위를 때리고 돌아가는 파도 소리만 들릴 뿐

이었다.

지잉!

징이 울리기 무섭게 석쇠가 먼저 용복을 들어 올렸다. 용복은 머리를 석쇠의 옆구리에 바짝 붙이고는 재빨리 석쇠의 오른발을 손으로 치며 돌았다. 앞무릎치기 기술이었다. 석쇠는 어떻게 해 볼 겨를도 없이 중심을 잃더니 풀썩 무릎을 꿇고 말았다.

"와! 이겼다, 용복이가 석쇠를 이겼다!"

군졸들 입에서 일제히 환호성이 터져 나왔다. 그제야 용복은 빙그레 웃으며 석쇠에게 다가가 손을 내밀었다.

"보세요, 제가 이겼지요?"

석쇠는 덩치가 작은 용복에게 맥없이 쓰러진 것이 어이가 없는지 머리를 설레설레 흔들었다. 그는 순순히 승복하며 용복이 내민 손을 잡고 자리에서 일어났다.

"허허, 이것 참! 그래, 네가 이겼다. 네가 천하장사다!"

석쇠가 껄껄 웃으며 용복을 번쩍 들어 올렸다. 구경하던 군졸들도 용복에게 달려들어 목말을 태우고 함께 모래판을 돌았다. 씨름판은 한바탕 흥겨운 소란이 일었다. 군졸 몇몇이 용복의 샅바를 빙글빙글 돌리며 노래를 부르자 너도나도 목소리를 보태었다.

"하하하하!"

용복은 어깨를 들썩이며 기분 좋게 웃었다. 그때 휘장 안에서 구경하던 수군절도사가 걸어 나왔다. 절도사는 목말에서 내려서는 용복에게 웃음을 띠고 물었다.

"네 이름이 무어냐?"

"안용복입니다."

"하는 일이 무어냐?"

"능로군[5]에서 노를 젓고 있습니다."

용복은 방금 전 목말을 타고 흥겨워하던 소년인가 싶을 정도로 의젓하고 점잖게 대답했다.

"장원을 했으니 약속대로 소원을 하나 들어주마. 그래, 네 소원이 무어냐?"

"저…… 왜관에 출입하게 해 주십시오."

아무도 예상치 못한 말이었다. 용복의 생뚱한 소원에 수군절도사도 머리를 갸웃거렸다. 조선의 바다를 수시로 넘보는 왜적들 때문에 왜국의 '왜' 자만 들어도 다들 고개부터 흔드는데, 일개 수병이 난데없이 왜관에 출입하고 싶다니 의아할 수밖에 없었다.

"왜관에는 무슨 일로 출입하고 싶은 게냐?"

"왜국의 말을 배우고 싶습니다."

"왜국의 말은 배워서 어디다 쓰게?"

"나라를 지키려고요."

"나라를 지켜?"

---

5. 임진왜란이 일어난 뒤 군사를 보충하기 위해 조직한 부대로, 양인과 천인이 섞여 있었다.

"남을 알고 자기를 알면 백전백승한다고 들었습니다. 왜놈들의 말을 모르는데, 이 나라를 넘보는 왜국의 속을 어찌 알 수 있겠습니까? 지난 임진왜란 때 왜놈들이 바다를 건너와 수많은 백성을 죽이고 재산을 노략질했다고 들었습니다. 그게 다 왜국의 속셈을 몰라서 당한 겁니다. 만약 우리 중 누구라도 왜국 말을 잘 안다면 가까운 왜관을 통해 왜국에서 어떤 일이 일어나는지 잘 알 것 아니겠어요?"

"허, 참으로 당찬 아이로구나."

수군절도사는 가만히 용복의 두 눈을 바라보았다. 눈빛이 당차고 또렷한 게 장차 이 나라를 위해 큰일을 할 재목으로 보였다.

"그래, 좋다. 네 소원대로 해 주마."

수군절도사는 곧바로 자신의 재량으로 용복이 왜관에 자유롭게 드나들 수 있도록 해 주었다.

상인이 된 용복

　조선 시대 왜인들이 머물고 있는 왜관은 동래의 경상 좌수영에서 그리 멀지 않은 초량에 있었다. 원래는 부산포에 있었는데, 임진왜란으로 국교가 끊기면서 문을 닫았다. 국교가 다시 시작되면서 두모포에 왜관을 다시 세웠는데, 그곳이 너무 비좁고 수심이 얕아 배가 닿기 불편하다 하여 초량으로 옮겨 새로 지은 것이다.

　왜관은 용두산을 가운데 두고 동서로 갈라져 있었다. 동쪽에 있는 것은 동관이고, 서쪽에 있는 것은 서관이었다. 이중 동관에는 관수왜가, 재판왜가, 개시대청이라는 세 개의 큰 건물이 있고, 서관에는 동대청, 중대청, 서대

청이라는 세 객관[6]이 있었다.

동관의 관수왜가는 왜관의 운영을 위해 쓰시마 도주가 파견한 관리가 쓰는 집무소였다. 재판왜가는 왜국과 조선 사이의 분쟁을 해결하기 위해 쓰시마 도주가 파견한 관리가 쓰는 곳이고, 개시대청은 조선 상인이 왜국 상인과 교역을 하기 위해 마련한 곳이다.

당시 나라에서는 왜인과 조선 백성 간의 불미스러운 일을 방지하기 위해 왜관을 높은 돌담으로 둘러싼 뒤 함부로 드나들지 못하게 감시했다.

돌담 밖에는 여섯 개의 복병막(초소)이 있었다. 당시 경상좌도[7]에는 개운진, 포이진, 서생진, 서평진, 두모진, 다대진, 부산진이라는 일곱 개 진(군사 기지)이 있었는데, 부산진을 제외한 각 진에서는 복병막 하나씩을 관할하고 병사를 보내 지키게 했다. 가끔 왜인들이 담장을 몰래 넘어 민가를 침범하거나 밀무역을 했기 때문에 이를 막기 위해 우리 병사를 주둔시켜서 밤낮으로 지키게 한 것이다. 복병막에서는 장교 한 명과 군졸 두 명이 보초를 섰다.

---

6. 외국 사신들이 머무는 숙소.
7. 조선 시대 경상도의 동부 지역을 이르던 말. 낙동강의 동쪽을 경상좌도라고 했고, 지금의 부산인 동래도 경상좌도에 속했다.

씨름 대회에서 우승한 용복은 다대진이 관할하는 남서쪽 복병막의 군졸 가운데 하나로 뽑혔다. 그 덕분에 왜관을 드나들며 자연스럽게 왜국 말을 배울 수 있었다. 용복의 왜국 말 실력은 몇 해 지나지 않아 몰라보게 늘었다. 왜관을 드나드는 왜인들과 이야기도 할 수 있었고, 자연스럽게 왜국의 사정도 알 수 있었다. 그사이 용복은 앳된 소년티를 벗어 버리고 건장한 청년이 되었다. 키도 크고 힘도 세서 사람들은 용복을 '안 장사'라 불렀고, 왜인들도 이름 대신 안 장사라고 불렀다.

하루는 조선 상인 하나가 소리를 지르며 왜관 밖으로 뛰쳐나오더니, 용복이 보초를 서고 있는 복병막으로 들어왔다.

"사람 살려!"

뒤이어 술에 취한 왜인이 칼을 들고 쫓아왔다. 상인은 새파랗게 질려 군졸들 뒤로 숨으며 소리쳤다.

"누가 저 왜인 좀 말려 주시오!"

군졸들은 어쩔 줄을 몰라 허둥지둥했다. 칼을 치켜들고 쫓아오는 왜인을 보고 슬금슬금 피하는 이도 있었다. 그때 용복이 성큼성큼 복병막 앞으로 나가 소리쳤다.

"대체 이게 무슨 짓이오?"

용복의 덩치와 위엄에 기가 죽은 왜인은 우뚝 발을 멈추었다. 하지만 이내 시퍼렇게 날이 선 칼을 세우며 용복을 노려보았다.

"잔말 말고 상인을 내놓으시오."

"못 내놓겠소."

"길을 비키지 않으면 당신도 무사하지 못하오!"

왜인이 용복을 향해 칼끝을 겨누었다. 그러나 용복은 눈썹 하나 까딱하지 않았다. 오히려 더 당당하게 소리쳤다.

"나를 죽이면 당신도 무사하지 못할 것이오!"

"뭐라고?"

"막부[8]에서 살생 금지령을

---

8. 에도 막부. 일본의 도쿠가와 이에야스가 1603년에 에도(지금의 도쿄)에 세운 무가 정권.

내린 것을 알고 있소. 당신이 만약 이곳에서 사람을 죽인다면 당신 목숨도 보장할 수 없단 얘기요. 죽고 싶다면 나를 죽여 보시오."

용복이 두 팔을 펼치고 왜인에게 목을 내밀었다. 하지만 두 눈만은 어떤 상대든 단번에 태워 버릴 듯 이글거렸다. 기세등등하던 왜인은 슬그머니 칼을 내렸다.

"당신은 정말 간이 큰 사람이오. 내 오늘은 그냥 물러나지만, 다음에는 가만있지 않겠소."

"앞으로는 남의 땅에서 소란을 피우지 마시오!"

용복의 쩌렁쩌렁한 목소리에 떠밀리듯 왜인은 힘없이 왜관 안으로 들어가 버렸다. 복병막 안에 숨어 있던 상인이 눈치를 살피며 용복에게 다가와 물었다.

"배짱도 있고 왜국 말도 참 잘하는군요. 대체 무슨 말을 했기에 왜인이 꼬리를 내리며 돌아간 겁니까?"

용복은 슬며시 웃으며 말했다.

"살생 금지령을 어기지 말라고 했을 뿐이지요."

"살생 금지령이 뭐요?"

"살생 금지령은 지금 왜국의 쇼군[9]이 만든 법입니다.

---

9. 일본 에도 막부의 우두머리. 당시 일본의 실질적 지배자였다. 여기서 말하는 쇼군은

쇼군의 아들이 어린 나이로 죽자, 도력 높은 한 스님이 전생에 살생을 많이 한 업이니 살생을 삼가라고 했답니다. 그 말을 들은 즉시 쇼군이 살생 금지령을 내렸는데 개나 물고기 같은 동물을 죽이는 것까지 금지했다지요. 심지어 얼굴에 앉은 모기를 죽여도 벌을 받는다고 합니다."

상인뿐 아니라 병사들도 눈이 휘둥그레졌다.

"왜국에 대해서도 잘 아시는군요. 나는 개성 상인 오충추라고 하는데 개성 상단에 들어오지 않겠소? 우리는 왜인과 거래를 하는데 젊은이처럼 왜국 말뿐 아니라 왜국 사정에 밝은 사람이 필요하다오."

"저는 지금 군역[10] 중이라서 당장 상단에 들어갈 수는 없습니다."

"관아에 낼 군포[11]는 내가 줄 테니, 지금 들어오면 안 되겠소?"

"제가 맡은 일은 다 해 놓고 들어가야 마음이 편안할

당시의 쇼군인 5대 쇼군 도쿠가와 쓰나요시(재위 1680년~1709년)다.
10. 나라에서 백성들에게 부과한 국방의 의무. 조선 시대에 16세에서 60세까지의 양인 남성은 매년 군대에서 일정 기간 군인으로 복무하거나, 복무하는 대신 세금을 냈다.
11. 조선 시대에 군인으로 복무하는 대신 세금으로 내던 삼베나 무명.

것 같습니다."

"그럼 군역이 끝날 때까지 기다리겠소. 부디 개성 상단으로 들어오시오."

오충추가 용복의 손을 잡고 사정을 했다. 이렇게 우연한 인연으로 용복은 군역을 마친 뒤 개성 상단으로 들어가게 되었다.

여기는 조선 땅이다

개성 상인들은 중국과 왜국을 오가며 주로 인삼과 비단 장사를 했다. 사면이 바다인 섬나라 왜국에는 풍토병을 앓는 사람들이 많았는데, 풍토병에 인삼이 좋다는 것이 알려지자 너도나도 사고 싶어 했다. 그래서 왜국에서는 조선의 인삼이 무척 비싸게 팔렸다. 게다가 질이 좋은 중국의 비단도 왜국에서 인기였기 때문에 왜국 말에 능하고 힘이 센 안용복은 개성 상단에 꼭 맞는 인물이었다.

용복 덕분에 목숨을 구한 오충추는 개성 상단의 우두머리였다. 오충추는 맨 처음 용복에게 비단과 인삼을 운반하는 일을 맡겼다. 워낙에 꼼꼼하고 침착한 성격이라 용복에게는 어려운 일이 아니었다. 어디로 운반을 하든

실수 한번 하는 일이 없었다.

용복은 개성 상단에 들어간 지 얼마 되지 않아 상단 사람들의 신임을 얻게 되었다. 왜국 말을 잘했기 때문에 동래에 있는 송방[12]까지 책임지게 되었다.

용복은 왜관을 드나들며 인삼과 비단을 왜인들에게 팔았다. 송방의 일이 없을 때에는 나라에 세금으로 바치는 곡물 운반을 돕기도 했다. 원래 이 일은 관선(나라에서 운영하는 선박)이 주로 하는 일인데, 능로군으로 있을 때의 인연으로 용복이 그 일을 도울 수 있었다. 게다가 용복은 바닷가에서 태어나 어려서부터 바다와 함께 생활했기 때문에 누구보다 물길을 잘 알았다.

한번은 경상 수군의 부탁을 받고 관선을 타고 곡물을 운반하는데, 조 스물다섯 섬을 싣고 울산 개운포에서 삼척으로 가던 중에 배가 거센 풍랑을 만났다.

"바람이 너무 거세서 배가 앞으로 갈 수가 없습니다!"

휘몰아치는 파도와 큰 바람 때문에 배는 방향을 잡지 못해 이리저리 바다 위를 떠다녔다. 하마터면 큰 파도에 배가 뒤집힐 뻔도 했다. 며칠 밤을 꼬박 바다 위에 떠 있

---

12. 개성 상인들이 전국의 상업 중심지에 설치한 지점.

던 배는 간신히 한 섬에 닿았다. 푸른 바다 한가운데 있는 아름다운 섬이었다.

우뚝 솟은 섬에는 큰 대나무가 무성하게 자라 숲을 이루고 있었다. 해안가에는 미끈한 바위들이 파도를 맞고 있었고, 하늘 위에서는 갈매기들이 어지럽게 날고 있었다.

"여기가 어딘가?"

"울릉도입니다."

박어둔이라는 관원이 친절하게 말해 주었다. 박어둔은 경상좌수영에서 소금을 굽는 관원으로, 어부 일도 하고 있었다. 용복이 좌수영에서 군역을 할 때 알게 된 친한 아우인데, 이번에 용복을 따라나섰다.

"이 섬이 말로만 듣던 울릉도로군. 어부들 말이 울릉도에서 동쪽으로 하루를 더 가면 자산도(독도)가 있다고 하던데, 정말인가?"

용복이 묻자 박어둔이 고개를 갸웃하며 대답했다.

"자산도요? 글쎄요, 동쪽 끝에 돌로 이루어진 섬 하나가 있는데, 우리는 우산도라고 부릅니다만……."

"우산도? 어부들은 자산도라고 하던걸?"

"그래요? 이상하군요. 지도에는 우산도라는 이름으로

나와 있는데…….”

박어둔이 품속에서 팔도 지도를 꺼내 뒤적거렸다. 지도를 뒤적이던 박어둔이 한 지점을 가리키며 말했다.

"보세요, 형님. 여기에 우산도라고 쓰여 있잖아요.”

"우산도라……. 그렇지만 어부들은 울릉도의 아들 섬이라고 해서 자산도라고 부르던걸?”

"형님 말이 맞을지도 모르지요. 보세요, 그림쟁이가 '자(子)' 자를 '우(于)' 자로 잘못 쓴 것일 수도 있어요. 두 글자가 비슷하게 생겼잖아요…….”

"그러게. 나도 자산도가 맞는 것 같네. 이곳 어부들이 자산도라 부르니 그게 맞겠지.”

안용복의 말에 박어둔도 고개를 끄덕였다.

이야기를 나누는 사이 배가 울릉도로 다가갔다. 울릉도는 가운데 높이 솟은 성인봉을 중심으로 동서로 60리, 남북으로 40리이며, 둘레가 200리인, 동해에서 가장 큰 섬이었다. 큰 대나무가 많아 일본에서는 '의죽도(礒竹島, 이소다케시마)'라고 부르기도 했는데, 섬 주위에 사자바위, 투구바위, 거북바위, 촛대바위, 북저바위, 구멍바위 등이 있었다.

울릉도의 푸른 하늘 위로 날아다니는 흰 갈매기들이

마치 파란 종이에 흰 점을 점점이 찍은 것처럼 보였다. 바닥이 환히 비치는 푸른 바다에 잔잔히 일렁이는 물결이, 쏟아지는 햇살에 반사되어 수만 개의 은비늘처럼 반짝였다.

배가 섬에 바짝 다가갔을 때, 용복은 섬 주변에 작은 배들이 늘어서 있는 것을 보았다. 박어둔이 놀란 목소리로 말했다.

"형님, 저게 대체 무슨 배들이지요?"

배는 수십여 척이나 되었다. 자세히 바라보니 배 위에서는 웃통을 벗은 왜인 어부들이 그물을 쳐서 고기를 잡고 있었다.

"저건 왜인들의 배인데……. 어째서 울릉도에서 고기를 잡는 걸까요?"

박어둔은 고개를 갸웃거렸다. 용복은 관선을 왜인들의 배 쪽으로 천천히 몰았다. 그러고는 왜인 선장을 배로 불러들였다.

"무슨 일입니까?"

왜인 선장이 물었다.

"무슨 일이라니? 여기가 조선의 영토라는 것을 모른단 말이오? 여기서 고기를 잡으면 안 되오."

"그럴 리 없습니다. 이 섬은 '다케시마(竹島)'라는 일본 섬입니다. 다케시마는 쇼군께 진상할 전복을 따는 곳입니다. 다시 말하면 일본의 영토입니다."

"뭐라고?"

울릉도가 왜국의 영토라고 태연하게 말하는 왜인을 보자 용복은 울컥 화가 치밀어 올랐다. 그래서 박어둔이 가져온 지도를 선장 앞에 활짝 펼쳐 보였다.

"이것 보시오. 지도에 있다시피 이 땅은 조선의 영토요."

용복은 울릉도 옆에 있는 섬을 가리키며 말했다.

"여기 있는 작은 섬도 조선의 섬이오."

"여긴 소나무가 많은 마쓰시마(松島)가 아닙니까? 여기도 일본의 영토입니다."

"아니오. 당신이 다케시마라고 부르는 섬은 먼 옛날부터 울릉도라고 부르던 조선의 섬이오. 또 당신이 마쓰시마라고 부르는 곳은 울릉도의 아들 섬 자산도요. 울릉도와 자산도는 명백히 조선의 영토인데 어째서 그런 터무니없는 소리를 하는 거요?"

용복은 기가 막혀 탁자를 탕 두드리며 소리쳤다. 왜인 선장은 다른 배에서 건너온 선장과 한참 동안 이야기를 하더니 용복에게 다가와 말했다.

"우리 배에 이 땅이 일본의 것이라는 문서가 있는데, 같이 가면 보여 주겠습니다."

용복이 박어둔에게 왜인 선장의 말을 전했다.

"이보게, 왜인 어부가 문서를 보여 주겠다고 저희 배로 가자는데 어떡할까? 자네가 나와 함께 갈 텐가?"

"제가 글자를 알아보니 함께 가시죠."

박어둔은 용복과 함께 선장을 따라 왜선으로 건너갔다. 그런데 배 위로 올라서자마자 선장의 태도가 갑자기 변했다. 선장이 눈짓을 하자 배 안에 있던 왜인들이 두 사람을 향해 조총을 겨누었다.

"이게 무슨 짓이냐?"

용복이 깜짝 놀라 소리쳤다. 관선에 남아 있던 관군들도 왜인들을 향해 일제히 총을 겨누었다. 그러자 덩치 큰 왜인 하나가 박어둔의 목에 칼을 겨누고 말했다.

"죽고 싶으면 총을 쏘라고 해라!"

용복은 어쩔 수 없이 손을 들고 소리쳤다.

"총을 쏘지 마시오! 잘못하면 다 죽게 됩니다."

왜인들은 어민이었지만 조총이 있었고, 수도 관군들보다 세 배나 많았다. 싸움이 일어난다면 관군들이 질 것이 뻔했다. 용복은 천천히 몸을 돌려 왜인 선장에게 말했다.

"대체 왜 이러는 것이냐? 울릉도가 너희 땅이라는 문서가 있으면 당당히 보여 주면 될 것 아니냐?"

늙은 선장이 음흉하게 웃으며 말했다.

"문서는 없다."

"문서가 없다고?"

"하지만 걱정할 것 없다. 다케시마가 우리 땅인지 조선 땅인지 일본에 가서 확인하면 되니까."

"일본으로 건너간다고?"

"가서 사실인지 아닌지 쇼군께 여쭈어 확인시켜 주마. 이참에 우리도 이 문제를 확실히 매듭짓고 싶으니 말이다."

용복은 선장이 무슨 생각을 하는지 알 수가 없었다. 두 사람을 인질로 삼아 그곳을 빠져나가려는 속셈인가 싶었지만, 그러기에는 왜인의 수가 더 많았다. 용복은 잠시 뜸을 들이다가 차분하게 말했다.

"저 사람은 놔두고 나만 데려가라."

"안 돼. 이 관원도 인질이다. 관군에게 따라오면 너와 이 관원을 죽일 것이라고 전해라."

방법이 없었다. 박어둔과 용복이 인질로 잡혀 버린 지금, 관군과 싸움이 일어난다면 큰 희생이 따를 게 불 보듯 뻔했다. 그렇다고 울릉도와 자산도를 왜국 땅이라 인정하고 순순히 왜인들을 놓아줄 수도 없었다.

용복이 박어둔에게 말했다.

"왜인들이 왜국으로 가서 사실을 확인하자 하는군."

"왜국으로 간다고요? 저는 가기 싫습니다."

박어둔은 겁에 질린 표정으로 고개를 절레절레 흔들었다.

"나도 겁이 나긴 마찬가지네. 하지만 시비를 따져야 하지 않겠나. 우리 목숨을 구하자고 울릉도와 자산도를 포기할 순 없지 않나."

용복의 말에 박어둔은 작은 목소리로 대답했다.

"그, 그럴 수야 없지요."

"그럼, 내게 맡기게. 가서 담판을 지을 테니."

용복은 고개를 돌려 선장에게 말했다.

"좋다. 이 땅이 누구 땅인지 확인해 보자. 만약 네놈들의 말이 틀리다면 가만두지 않을 테다."

그러고는 관군을 향해 소리쳤다.

"이들이 울릉도와 자산도를 자기네 땅이라고 우기니, 박어둔과 함께 왜국으로 가서 시비를 가리고 오겠습니다. 동래로 돌아가 이야기를 전해 주십시오!"

용복의 말이 떨어지기 무섭게 왜인들은 부산하게 닻을 올리고 돛을 펼쳤다. 바람을 맞은 왜선은 미끄러지듯 빠른 속도로 조선의 바다를 빠져나갔다.

시비를 가리다

안용복과 박어둔을 납치한 왜인 어부들은 오키 섬으로 배를 몰았다. 용복은 생각할수록 기가 막혀 박어둔을 붙잡고 다시금 확인했다.

"이보게, 울릉도와 자산도가 우리 땅인 것이 맞지?"

"틀림없어요. 울릉도와 자산도가 울진현(지금의 경상북도 울진군)에 속해 있거든요. 여기 팔도 지도에도 나와 있지 않습니까?"

"그런데 왜인들이 어째서 저렇게 당당하지?"

"태종 대왕 때부터 나라에서 두 섬을 오랫동안 비워 둔 탓일 겁니다. 왜구들이 자주 노략질을 하니 섬사람들을 아예 육지로 옮겨 살게 했지요. 죄인들이 섬으로 숨어 들거나 섬사람들이 세금을 내지 않는 일을 막으려 하기도 했고요. 그러니 왜인들도 비어 있는 섬인 줄 알고 마음대로 와서 고기를 잡았을 겁니다. 그러다 보니 자연히 자기네 땅이라고 착각하고 있는 게지요."

용복은 고개를 끄떡이며 말을 받았다.

"한마디로 자네 땅이 너무 멀리 있어 관리하기가 불편해서 묵혀 두었더니 다른 사람이 콩도 심고 팥도 심으면서 부쳐 먹다가 이제는 자기 땅이라고 생떼를 부리는 것이로군."

"맞습니다. 그런 셈이죠."

"그렇다면 이참에 우리가 가서 울릉도와 자산도가 우리 땅이라고 단단히 못을 박고 오세."

용복은 마음을 굳게 먹었다.

왜인들의 배는 이틀 후에 오키 섬에 도착했다. 왜인 어부들은 용복과 박어둔을 관청으로 데려가 자초지종을 알렸다.

오키 국[13]의 관원들이 용복과 박어둔을 조사했다. 박

---

13. 에도 막부 시대의 행정 구역. 여러 국이 모여 번을 이루었고, 여러 번이 모여 일본 전체를 이루었다. 오키 섬은 울릉도와 독도에서 가장 가까운 일본 영토로, 당시에는 오키 국이었고 오키 국은 당시 에도 막부의 직할령(직접 다스리는 땅)이었다.

어둔은 왜국 말을 몰랐기 때문에 용복이 혼자 대답했다.

"당신들의 신분이 뭐요?"

관원이 퉁명스럽게 물었다.

"우리는 조선의 관리요."

용복이 배짱 있게 대답했다.

"어부들한테 다케시마와 마쓰시마가 조선 땅이라고 우겼다던데 정말이오?"

관원이 잔뜩 찌푸린 눈으로 용복과 박어둔을 훑어보았다. 용복은 저도 모르게 주먹을 꽉 쥐며 관원의 두 눈을 똑바로 쳐다보았다.

"다케시마는 울릉도고, 마쓰시마는 자산도요. 두 섬 모두 조선의 영토요. 그것은 조선의 지도에도 정확히 그려져 있소. 우리가 문서와 지도를 가져왔으니 확인하고 사실을 명백하게 밝혀 주기 바라오."

용복은 박어둔이 가져온 문서와 지도를 관원에게 건네주었다. 관원은 어물어물 대답을 피하더니 사람을 시켜 오키 국의 대관[14]에게 알렸다. 소식을 듣고 대관이 난감한 얼굴로 달려왔다.

---

14. 지방의 행정을 담당하던 지방관.

용복 일행과 시비가 붙은 왜인 어부들은 호키 국[15] 사람들이었고 호키 국은 돗토리 번에 속한 땅이었는데, 울릉도와 자산도는 본래 돗토리 번에 속한 땅이 아니었다. 돗토리 번에서는 예부터 막부에 전복을 올렸는데, 가까운 바다에서 전복을 구하기 힘들자 조선의 땅인 울릉도와 자산도까지 가서 전복을 캐 왔던 것이다.

태종 때부터 울릉도와 자산도를 비워 둔 이후로 조선의 관리들이 두 섬의 관리를 소홀히 했기 때문에, 왜인 어부들은 그곳 바다에서 아무런 어려움 없이 고기잡이를 할 수 있었다. 또 조선과 마찰이 없었기 때문에 번주도 그 사실을 그동안 모른 척했다. 점차 어부들은 아무런 의심 없이 울릉도와 자산도를 자기네 땅이라 여기고 마음대로 고기를 잡게 되었다.

대관은 용복이 가져온 지도를 보자마자 일이 잘못되었다는 것을 직감했다.

"아, 그게, 그러니까……."

대관의 얼굴에 당황한 표정이 비쳤다. 돗토리 번의 어

---

15. 지금의 일본 돗토리 현의 서부와 중부 지역. 오키 국과는 다른 지역이다. 이곳과 이나바 국이 돗토리 번을 이루었다.

부들이 불법을 저질렀고, 설상가상으로 조선의 관리까지 잡아 왔으니 외교적으로 큰 문제가 될 게 틀림없었다.

용복은 대관의 표정을 놓치지 않고 차분한 목소리로 다시 한번 강조했다.

"어서 사실을 확인해 주시오."

대관은 부랴부랴 이 사실을 돗토리 번에 알리는 한편, 용복과 박어둔을 자신의 집으로 초대했다. 그러고는 두 사람에게 새 옷을 주고 귀한 술을 대접했다. 두 사람은 못 이기는 척 대관이 하는 대로 잠자코 있었다.

이윽고 분위기가 무르익을 무렵, 대관이 슬그머니 나무 상자 하나를 내밀었다.

"이게 뭐요?"

"열어 보시오."

박어둔이 상자를 받아 열었다.

"아니, 이건?"

박어둔은 놀란 눈으로 용복을 바라보았다. 나무 상자 안에 은화가 한가득 들어 있었기 때문이었다.

'돈으로 일을 덮으려고 하는군.'

용복은 대관의 얼굴을 살피며 물었다.

"이 돈은 뭐요?"

"조선으로 돌아가는 데 여비로 사용하시오."

용복은 비웃듯 입꼬리를 살짝 올리고는 나무 상자를 닫아 대관 쪽으로 밀어냈다.

"여비는 필요 없소. 우리는 돈을 바라고 여기까지 온 것이 아니오. 울릉도와 자산도가 조선의 땅이라는 것을 알리려 왔소. 일본 어부들이 두 섬을 일본 땅이라고 확

신하는 증거가 도대체 어디 있소? 있다면 어서 보여 주시오."

대관은 더욱 당황한 표정을 짓더니, 망설이다 품속에서 문서 한 장을 꺼내 용복에게 내밀었다.

"이것은 다케시마와 마쓰시마가 조선의 영토이며, 앞으로 일본의 어부들이 두 섬에 출입하는 것을 금한다는 문서요. 본래부터 두 섬은 조선의 땅이오. 돗토리 번이 막부에 전복을 진상하다 보니, 본의 아니게 어부들이 두 섬을 드나든 것 같소. 에도에서도 답신이 왔소. 모든 지역에 공문을 보내 앞으로는 일본인들이 다케시마에 가지 못하게 하겠다는 내용이오."

대관의 설명을 듣고 용복의 얼굴이 그제야 밝아졌다.

"그거 잘되었소. 나는 두 나라가 서로의 영토를 침범하지 않길 바라오. 이웃해 있는 나라끼리 돈독하게 지낸다면 그것보다 좋은 게 어디 있겠소?"

"그렇소."

대관이 은화 상자를 다시 내밀면서 말했다.

"이것은 내 성의요. 정 받을 수 없다면 이 돈을 가지고 있다가 우리 어민들이 조선에 표류하면 사용해 주시오."

대관의 요청이 하도 간절하여 용복은 할 수 없이 은화 상자를 받았다. 처소로 돌아오면서 용복은 박어둔에게 대관과 나누었던 이야기를 자세히 들려주었다. 박어둔도 밝게 웃으며 말했다.

"그럴 줄 알았습니다. 지도에도 분명히 나와 있는데 그 섬이 왜국의 땅일 리가 없지요."

용복과 박어둔은 관청에서 기다리고 있던 왜인 어부

들에게 대관에게서 받은 문서를 보여 주었다.

"자, 봐라. 이래도 두 섬이 너희들 땅이라고 생떼를 부릴 테냐?"

용복과 박어둔을 납치한 어부들은 고개를 숙인 채 꿀 먹은 벙어리처럼 말이 없었다. 박어둔이 양어깨에 잔뜩 힘을 주고 큰소리로 말했다.

"앞으로 또 울릉도와 자산도에 얼씬거릴 테냐?"

박어둔의 말은 알아듣지 못했지만, 사태를 파악하고 기가 죽은 왜인 어부들은 아무 말도 못 하고 슬그머니 관청을 빠져나갔다.

쓰시마 도주의 흉계

  얼마 뒤 안용복과 박어둔은 오키 국 대관에게서 받은 문서와 은화를 들고 길을 나섰다. 호키 국의 요나고로 간 두 사람은 그곳에 있는 왜인 어부의 집에 한 달 동안 갇혀 있다가, 그보다 더 동쪽에 있는 돗토리 번 이나바 국[16]의 돗토리 성[17]으로 옮겨졌다. 왜국에서 조선으로 가는 유일한 길은 쓰시마(대마도)를 지나는 물길밖에 없었다. 돗토리 번의 이나바 국에서 규슈의 나가사키로 온 용복과 박어둔은 왜인들의 배를 타고 쓰시마에 도착했다.

---

16. 지금의 돗토리 현의 동부 지역.
17. 각 번의 성은 지배자인 번주가 살고 있는 저택을 포함한, 각 번의 정치와 행정의 중심지였다. 돗토리 번의 중심지인 돗토리 성은 이나바 국에 있었다.

용복과 박어둔이 울릉도와 자산도의 주인을 밝히기 위해 돗토리 번을 찾아왔다는 소문은 쓰시마를 다스리는 도주의 귀에까지 들어갔다. 쓰시마는 왜국과 조선 사이에 위치해 있으며, 쓰시마 도주는 왜국을 대표해 조선과의 외교를 책임지고 있었기 때문에 용복의 일을 듣고서는 불편한 마음을 감추지 못했다.

"한낱 조선의 하급 관리 주제에 감히 우리 일본을 욕보였단 말이지? 안용복, 내가 네놈을 순순히 보내 줄 것 같으냐?"

쓰시마 도주는 안용복의 이름을 되뇌며 이를 갈았다.

용복과 박어둔이 탄 배가 쓰시마에 닿자마자 포구에서 기다리고 있던 도주는 눈을 부릅뜨고 소리쳤다.

"저 조선인들을 당장 잡아서 감옥에 가둬라!"

용복과 박어둔은 영문도 모른 채 쓰시마의 감옥에 갇히는 신세가 되고 말았다. 두 사람은 차갑고 어두운 감옥 안에서 불안에 떨며 자신들이 갇힌 까닭을 생각해 보았다. 쓰시마의 관원들은 이런 두 사람을 재밌다는 듯 쳐다보았다.

"대체 우리가 무슨 죄가 있어 감옥에 가둔 것이냐?"

용복은 쓰시마의 관원들에게 항의했다. 관원 하나가

배실배실 웃으며 비꼬았다.

"다케시마는 너희 땅이 맞다. 하지만 너희는 오랫동안 돌보지 않았고, 우리가 그곳에서 고기를 잡아 왔다. 너희들이 사용하지 않은 땅을 우리가 오랫동안 썼으니 이제 우리 땅이 아니냐?"

"땅 주인이 따로 있는데 너희가 그 땅에서 농사를 지어 먹었다고 해서 그게 너희 땅이 되느냐? 그것이야말로 염치없는 짓이다."

말문이 막힌 관원은 옆에 서 있는 쓰시마 도주의 눈치를 살폈다. 쓰시마 도주의 얼굴은 험상궂게 일그러져 있었다. 용복은 눈을 부라리며 쓰시마 도주에게 말했다.

"여기 막부가 울릉도를 조선의 땅이라고 인정한 문서까지 있는데, 그래도 억지를 쓸 작정이냐?"

쓰시마 도주는 거칠게 문서를 낚아채 읽더니, 코웃음을 치며 문서를 북북 찢어 버렸다.

"다케시마와 마쓰시마는 머지않아 우리의 땅이 될 것인데, 이따위 문서가 무슨 소용이냐? 나는 다케시마를 일본의 땅으로 만들고 말 것이다."

용복이 어찌해 볼 틈도 없었다.

"저자들이 가진 것을 모조리 빼앗고, 꽁꽁 묶어 가두

어라!"

쓰시마 도주의 명이 떨어지기 무섭게 관졸들이 달려들어 용복과 박어둔을 밧줄로 묶었다. 오키 국 대관에게서 받은 은화는 물론 조선에서 가지고 온 엽전까지 모두 빼앗겨 버렸다. 용복은 주먹을 꽉 쥔 채 눈을 지그시 감았다. 분하고 억울해 온몸이 부들부들 떨렸다.

한편, 거처로 돌아온 쓰시마 도주는 다다 요자에몬을 불렀다. 다다 요자에몬은 조선과의 외교를 책임지고 있는 신하였다.

"부르셨습니까?"

다다 요자에몬이 고개를 숙였다.

"조선인이 막부에서 다케시마와 마쓰시마가 조선의 땅이라는 확답을 받아 왔다. 천만다행히 내가 그 문서를 찢어 버렸지만 그것만으로는 부족하다."

"무슨 말씀이십니까?"

쓰시마 도주는 의자에서 벌떡 일어나며 소리쳤다.

"다케시마와 마쓰시마를 이제 우리 땅으로 만들겠다!"

다다 요자에몬은 머리를 땅에 박힐 듯 깊이 숙이더니 세차게 끄덕여댔다. 그러더니 누가 듣기라도 할까 작은 소리로 말했다.

"그렇다면 조선인을 미끼로 삼아 협상을 하시는 것이 어떻습니까?"

쓰시마 도주가 솔깃하여 물었다.

"좋은 방법이 있는가?"

"지금 조선은 당파 싸움에 정신이 없습니다. 그 틈을 이용한다면 반드시 좋은 계책을 만들 수 있을 겁니다. 저에게 맡겨 주십시오."

도주 앞에서 물러 나온 다다 요자에몬은 즉시 조선의 예조 참판에게 편지를 보냈다.

조선의 어부들이 일본의 다케시마에 배를 타고 들어와 멋대로 고기를 잡다가 그중 두 명이 우리 관원에게 잡혀 끌려왔습니다. 이 보고를 들으시고 쇼군께서는 매우 언짢아하셨지만, 은혜를 베푸시어 그 어부들을 이곳 쓰시마를 통해 조선으로 돌려보내도록 하셨습니다. 그렇지만 이후에는 그 섬에 조선 어선이 출입하는 것을 절대 용납하지 않을 것이라고 하셨습니다.

조선 조정에서는 앞으로 조선 어부들이 일본의 땅인 다케시마와 마쓰시마에 가지 못하도록 단속을 철저히 해 주시기 바랍니다.

다다 요자에몬이 보낸 문서의 내용은 곧바로 조선의 조정 대신들의 귀에까지 들어갔다. 대신들은 서로 머리를 맞대고 의논했다.

"조선 어부 두 명이 왜국 땅 다케시마에 고기를 잡으러 갔다는데 무슨 소리인가?"

"우리 땅 울릉도를 왜국에서는 다케시마라 부릅니다. 그곳에서 어부들이 고기를 잡다가 끌려간 것 같습니다."

"울릉도는 우리 땅이 아닌가? 게다가 울릉도에 간 우리나라 어부를 왜국 사람들이 잡아갔다는 말인가?"

"왜국이 울릉도와 우산도(독도)를 호시탐탐 노리고 있지 않습니까? 이번에도 의도가 아주 불순합니다. 쓰시마 도주가 문서에 울릉도 대신 '일본 땅 다케시마'라고 적어 놓은 것을 보십시오."

"그렇습니다. 우리가 울릉도를 왜국 땅 다케시마라고 외교 문서에서 인정해 버리면 훗날 왜국은 그것을 핑계 삼아 울릉도를 자기네 땅이라고 할지도 모릅니다."

"맞습니다. 답신을 보낼 때에는 반드시 울릉도라 못 박아 훗날의 분쟁거리를 막아야 할 것입니다."

조선 조정에서는 쓰시마 도주에게 답신을 쓰고, 급히

초량으로 접위관[18] 홍중하를 보냈다.

다다 요자에몬은 조선 예조에서 보내온 답신을 보며 얼굴을 찌푸렸다. 애초에 다다 요자에몬이 터무니없는 내용의 편지를 보낸 것은, 당파 싸움에 정신없는 조선의 관원들이 편지의 내용만 보고 다케시마를 일본 땅으로 인정하는 답신을 보낼 것이라고 생각했기 때문이었다. 조선의 조정에서 다케시마를 일본 땅으로 인정한다면, 훗날 그 문서를 증거로 다케시마를 빼앗을 속셈이었다.

"조선 대신들이 생각처럼 그리 만만한 상대가 아니군. 그렇다면 직접 담판을 짓는 수밖에 없지."

다다 요자에몬은 용복과 박어둔을 데리고 배를 타고 쓰시마를 떠나 조선으로 향했다. 초량 왜관에 도착하자마자 다다 요자에몬은 용복과 박어둔을 조선 관졸에게 넘기고 홍중하와 만났다.

다다 요자에몬이 음흉한 웃음을 지으며 물었다.

"조선 예조의 답신을 보았습니다. 조선 국법에 어부들이 다케시마에 가지 못하도록 되어 있다고 하는데, 맞습니까?"

---

18. 조선 시대에 왜국 사신이 올 때 영접하던 임시직 관리.

홍중하는 날카로운 눈매로 노려보며 되물었다.
"그대들이 말하는 다케시마는 울릉도가 아니오?"
"그렇습니다."
다다 요자에몬의 입가로 야비한 미소가 번졌다. 홍중하의 목소리가 한층 높아졌다.
"울릉도는 옛날부터 조선 땅이오. 조선 어민이 그곳에 가든 안 가든 일본이 무슨 상관이란 말이오?"
다다 요자에몬도 얼굴빛 하나 변하지 않고 준비해 온 말을 꺼냈다.
"다케시마는 옛날부터 일본 땅인데 조선 땅이라니요? 그 섬은 우리 쇼군께서 드시는 전복을 캐는 섬입니다. 그런 곳에 조선 어부들이 건너와 고기를 잡고 있습니다. 쇼군께서도 매우 불쾌히 여기고 계십니다."
"적반하장도 유분수지, 우리 땅을 일본 땅이라니!"
홍중하는 어이가 없어 헛웃음이 나왔다. 다다 요자에몬은 홍중하의 얼굴이 점점 붉으락푸르락해지는 것을 보고 얼른 자세를 낮추며 말했다.
"흥분하지 마십시오. 어차피 두 나라 사이에 있는 보잘것없는 섬일 뿐입니다. 조선의 입장이 정 그러하시다면 그것을 답신으로 새로 써 주십시오. 대신 울릉도라는 지명 대신 다케시마라 써 주십시오."

그 말에 홍중하가 매섭게 쏘아붙였다.

"울릉도는 명백하게 우리의 땅인데 뭣 하러 다케시마라는 지명을 쓴단 말이오?"

"울릉도라는 글자가 들어 있으면 막부에 고할 때 장황하게 설명해야 하니 어려움이 많습니다. 그러니 울릉도라는 글자만 지워 주시면 고맙겠습니다."

홍중하가 대답하려는 찰나 다다 요자에몬이 한마디를 덧붙였다.

"일을 평화롭게 해결합시다. 만일 그렇지 않으면 쇼군께서도 어떤 결정을 내릴지 모릅니다."

홍중하는 주먹으로 탁자를 탕 내리쳤다.

"지금 전쟁을 하겠다고 협박하는 것이오?"

"최악의 상황이 그렇다는 겁니다. 두 나라 사이가 그 작은 섬 때문에 또다시 나빠져서야 되겠습니까?"

다다 요자에몬이 히쭉거리며 웃었다. 홍중하는 화가 머리끝까지 치밀어 올랐다. 마음 같아서는 다다 요자에몬의 멱살을 잡아 바다 밑으로 처박고 싶은 심정이었다. 하지만 참을 수밖에 없었다. 지난 임진왜란 때 조선 백성이 겪은 고통이 또다시 반복될까 두려웠기 때문이었다.

홍중하는 목소리를 가다듬었다.

"기다려 주시오. 조정과 상의해서 연락을 드리겠소."

다다 요자에몬과의 면담을 마치고 홍중하는 동래 관아로 돌아왔다.

"당장 안용복과 박어둔을 끌고 오너라!"

화가 난 홍중하가 소리쳤다. 용복과 박어둔은 아무것도 모른 채 관아 마당으로 불려 왔다.

"이놈들, 너희 죄를 알렷다?"

홍중하가 벼락같이 소리쳤다.

"너희로 인해서 왜국과 분란이 일어났다. 네놈들이 대체 무슨 짓을 했기에 이런 분란이 일어난 것이냐?"

용복은 어안이 벙벙했다.

"대체 무슨 일이 일어났습니까?"

"석 달 전에 쓰시마 도주가 예조에 편지를 보내 막부의 뜻을 알렸다. 너희들이 왜국 다케시마에 배를 타고 들어와 멋대로 고기를 잡았기 때문에 현지 관원이 너희를 잡아 증거를 삼았다고 말이다. 이번에는 너희들을 조선으로 돌려보내 주지만 앞으로는 단속을 철저히 해서 다케시마에 조선 어부가 오지 않도록 해 달라는 내용이었다. 석 달 동안 조정이 네놈들 때문에 얼마나 골머리를

썩은 줄 아느냐?"

용복은 그제야 석 달 동안 자신과 박어둔을 가둔 이유를 알 것 같았다.

"모두 터무니없는 거짓말입니다. 저희를 납치한 것은 왜국 관리가 아니라 왜국 어부들입니다. 또 왜인들이 다케시마라고 부르는 곳은 우리 땅 울릉도입니다. 저는 왜국 어부들이 울릉도를 자기네 영토로 알고 있기에 따진 죄밖에 없습니다. 왜국 어부들이 저와 박어둔을 납치하여 왜국으로 데려갔고, 저는 왜국의 막부에게 울릉도가 조선의 영토라는 문서를 받아 온 죄밖에 없습니다."

용복은 그간의 사정을 조목조목 짚어 가며 설명했다. 홍중하가 깜짝 놀라며 물었다.

"문서는 어디에 있느냐?"

"쓰시마 도주에게 빼앗기고 말았습니다. 그자가 문서를 갈가리 찢어 버렸습니다."

용복은 분한 마음이 다시금 울컥 솟구쳤다.

"무어라? 빼앗겼다고? 막부에게서 받은 문서를 쓰시마 도주 따위가 찢어 버렸단 말이냐?"

홍중하는 믿을 수 없다는 표정으로 용복을 보았다.

"쓰시마 도주는 매우 교활한 자입니다. 중간에서 수작

을 부린 것이 분명합니다."

홍중하가 머리를 거세게 흔들며 소리쳤다.

"시끄럽다! 너처럼 천한 상인이 막부의 외교 문서를 받아 왔다니 말이 되느냐? 더구나 쓰시마 도주가 그 문서를 찢어 버렸다고? 네가 나를 진정 바보로 아느냐?"

용복의 말에 잠시 솔깃했던 자신이 부끄럽기라도 한 듯 홍중하는 더욱 매섭게 호통쳤다.

"제 말에는 한 치의 거짓도 없습니다."

용복은 단호하게 말하며 억울함을 삼켰다.

"그래? 하지만 당장 문서가 없는데 어떻게 너를 믿겠느냐? 설령 이 모든 게 사실이라 해도 조정을 시끄럽게 한 너희 죄는 결코 가볍지 않다!"

홍중하가 차가운 목소리로 말했다. 용복은 홍중하의 말에 펄쩍 뛰며 목소리를 높였다.

"울릉도는 분명 조선의 영토입니다! 다케시마가 아닙니다! 이번에 그 점을 분명히 하지 않으면 언젠가는 왜인들에게 섬을 빼앗길지도 모릅니다. 저희가 분수를 모르고 나섰다면 이제 나라에서라도 왜인들……"

홍중하가 용복의 말을 뚝 잘랐다.

"시끄럽다! 울릉도든 다케시마든 그런 문제는 우리가

해결할 일이지, 너희 같은 상것들이 상관할 바 아니다. 네놈들은 왜국에 가서 분수도 모르고 소란을 피웠으니 당연히 그 죗값을 받아야 할 것이니라."

홍중하는 나장을 불러 당장 곤장을 치게 했다. 따박따박 대꾸를 한 안용복에게는 곤장 백 대, 박어둔에게는 팔십 대를 치라 명령했다. 나장이 커다란 곤장을 휘둘러 형틀에 묶인 용복의 엉덩이를 때렸다.

"한 대요! 두 대요……."

살이 찢어져 피가 줄줄 흘렀다. 아프기도 했지만 용복은 억울하고 분한 마음이 더 컸다. 하지만 속으로 꾹꾹 눌러 삭일 수밖에 없었다.

'이놈들, 두고 보자. 내가 이대로 물러설 줄 아느냐?'

용복은 주먹을 불끈 쥐고 이를 앙다물었다.

굳은 결심

얼마 뒤, 용복은 상인 일을 그만두고 영해[19]로 이사를 했다. 예부터 봄이 되면 영해의 어부들은 울릉도와 자산도로 가서 고기를 잡곤 했다. 울릉도와 자산도 인근에 고기가 많았기 때문에 몇 달씩 섬에 머물면서 고기를 잡았다. 국법으로 울릉도에 가는 것이 금지되어 있었지만 어부들은 황금 어장을 포기할 수 없었다.

용복도 기회가 있을 때마다 어부들과 함께 울릉도에 들어가 고기를 잡았다. 울릉도는 오징어와 홍합, 전복 등 귀한 어물들이 풍부해 보기만 해도 배가 부를 정도였다.

---

19. 지금의 경상북도 영덕군의 북쪽 지역.

그러던 어느 날이었다. 용복은 어부들이 수군대는 소리를 들었다.

"왜놈들이 자꾸 와서 큰일이야."

"조총까지 들고 있어서 뭐라 말도 못 하고, 도리어 우리가 쫓겨 온다니까."

용복은 그 말을 들으며 입술을 지그시 깨물었다.

"내 이럴 줄 알았지."

용복의 예상이 맞아떨어졌다. 지난해 용복이 왜국에 다녀온 뒤, 조선 조정의 느슨한 태도 때문에 상황은 더 나빠져 있었다.

"이대로 가만있을 순 없어."

용복은 곧장 영해 부사를 찾아갔다. 삼문[20] 앞에 있던 포졸이 용복을 아래위로 훑어보며 물었다.

"무슨 일이냐?"

"사또께 아뢸 말씀이 있어 찾아왔습니다. 급한 일이니 뵙도록 해 주십시오."

사정사정한 끝에 용복은 영해 부사를 만났다.

---

20. 대궐이나 관청 앞에 세운 세 개의 문. 관청의 삼문 중 가운데 문은 수령만 들어갈 수 있고 다른 관리나 일반 백성은 양옆의 문으로만 들어갈 수 있었다.

"나에게 할 말이 뭐냐?"

용복은 영해 부사를 올려다보며 말했다.

"사또, 울릉도에 왜인들이 자꾸 드나든다고 합니다."

영해 부사가 짐짓 놀라는 표정으로 물었다.

"울릉도에 왜인이 드나든다고?"

"예, 왜인 어부들이 나타나 고기를 잡는다고 합니다."

용복의 대답에 영해 부사의 목소리가 높아졌다.

"울릉도에 왜인들이 드나든다는 말은 누구에게 들었느냐?"

"어부들에게 들었습니다."

용복의 대답에 영해 부사가 버럭 화를 냈다.

"그 어부가 대체 누구냐? 울릉도에 가는 것을 법으로 금지해 놓았는데 어부들이 법을 어겼단 말이냐?"

용복은 무언가 잘못 돌아가고 있다는 생각이 들었지만 굽히지 않고 또박또박 말했다.

"울릉도에 가는 것을 국법으로 금하고 있기는 하지만, 어부들이 고기가 많은 곳을 찾아가는 것은 당연한 일입니다. 그보다 당장 울릉도로 가서 왜인들을 쫓아내는 게 급하지 않습니까?"

"누구 앞이라고 꼬박꼬박 말대꾸냐? 그러고 보니 네

놈이 지난해 왜국에 건너갔다 왔다는 안용복이로구나!"

영해 부사가 동헌 마당 아래로 내려서며 말했다.

"맞습니다."

용복의 대답이 떨어지기 무섭게 영해 부사가 외쳤다.

"이놈! 영토를 지키는 것은 나라의 일인데, 네깟 놈이 분수도 모르고 왜 나서려고 하느냐?"

"나라에서 일을 잘못하니 그런 것 아닙니까? 사또께서 군졸들을 이끌고 나가 왜놈들을 쫓아내 주십시오."

"시끄럽다! 네깟 놈이 뭘 안다고 떠드는 게냐? 여봐라, 이 버릇없는 놈에게 곤장 삼십 대를 쳐서 내쫓아라!"

영해 부사가 벌게진 얼굴로 군졸들에게 명령했다.

군졸들이 달려와 용복을 잡아 형틀에 묶어 놓고 사정없이 곤장을 내리쳤다. 커다란 곤장이 엉덩이에 떨어지자 살이 찢어지고 피가 흘렀다. 곤장 삼십 대를 다 때리고 나자 영해 부사가 혀를 차며 말했다.

"이놈아, 정신 차려라. 그깟 섬에 왜놈들이 드나든다고 무슨 일이 있겠느냐? 다신 이딴 일로 찾아오지 마라!"

그러고는 안으로 휘적휘적 들어가 버렸다.

이방 역시 코웃음을 치며 군졸에게 말했다.

"여봐라, 저 얼빠진 놈을 당장 쫓아내라!"

군졸들은 용복의 상투와 멱살을 잡고 동헌 삼문 앞으로 끌고 가 물건 던지듯 내동댕이쳤다. 용복은 힘없이 바닥을 굴렀다.

"오지랖 넓은 것도 죄다. 네 일도 아닌데 왜 나서서 화를 당하느냐? 그깟 작은 섬 하나 없으면 어때?"

군졸들이 낄낄거리며 관아 안으로 들어갔다. 용복은 바닥에 엎드린 채 기가 막힌 듯 울분을 토해 냈다.

"나라의 관리들이 우리 땅의 일을 먼 산 불구경하듯 하니, 왜놈들이 저렇게 난리를 쳐도 꼼짝 못 하는 것 아닌가? 이렇게 가만히 있다가는 울릉도와 자산도를 다 빼앗기고 말 거야. 두고 봐. 나라도 울릉도로 가서 왜놈들을 몰아낼 테다."

용복은 만신창이가 된 몸을 억지로 일으켜 절뚝절뚝 걸음을 내디뎠다. 몸이 비틀거렸지만 걸음을 옮길수록 각오는 더욱 단단해졌다.

다음 해 겨울, 울산에 사는 어머니를 보러 간 용복은 우연히 순천 송광사의 뇌헌 스님을 만나게 되었다. 용복이 상단에 있을 때 알고 지내던 스님이었다. 뇌헌 스님이 반가이 말을 건넸다.

"자네가 왜국에 잡혀갔다가 돌아와 상단을 그만둔 이야기는 들었네. 지금 영해에 산다면서?"

"예, 왜놈들이 울릉도에 계속 드나드는지 보려고 영해로 옮겼습니다."

뇌헌 스님의 입가에 슬며시 미소가 번졌다.

"울릉도 때문에 고생이 심했다면서 포기를 하지 않는군."

"쓰시마 도주가 울릉도를 호시탐탐 노리고 있는 것을 알고 있는데, 어떻게 남의 일처럼 가만있을 수 있겠습니까?"

용복은 쓰시마 도주 생각만 하면 절로 이가 갈렸다.

"그래, 요즘도 울릉도에 왜선들이 드나드는가?"

"예, 그렇잖아도 얼마 전에 영해 부사에게 사실을 고했다가 곤장만 죽도록 맞았습니다."

용복은 저도 모르게 한숨을 내쉬었다.

"울릉도가 뭍에서 멀리 있다고 관원들까지 우리 땅 지키는 것을 외면하니 걱정입니다. 그것이 모두 왜국과 조선 사이에서 농간을 부리는 쓰시마 도주 때문입니다. 제가 능력만 된다면 혼자서라도 왜국 땅으로 가서 쓰시마 도주의 죄를 밝히고 막부가 준 문서를 다시 받아 올

텐데 말입니다."

용복의 말을 듣고 있던 뇌헌 스님은 잠시 생각에 잠긴 듯 아무 말이 없었다. 이윽고 뇌헌 스님이 입을 열었다.

"장한 생각이지만 나라에서 하지 못하는 일을 자네 혼자 할 수 있겠나? 왜국에 가자면 배도 필요하고 글을 아는 사람도 필요할 것 아닌가? 왜국에만 가면 수가 있는가? 자네를 믿어도 되느냐 이 말일세."

용복의 얼굴빛이 갑자기 환해졌다.

"스님께서 도와주시겠다는 말씀입니까?"

뇌헌 스님이 빙긋 웃었다.

"나도 이 나라 사람인데 왜국에 우리 땅을 빼앗기는 것을 두고 볼 수 있나? 내 일찍이 자네의 굳은 심지와 배짱을 알고 있었지. 자네를 믿고 내가 도와주겠네."

뇌헌 스님은 흔쾌히 약속했다. 그리고 얼마 뒤 곧바로 타고 갈 배와 식량을 준비해 주었다. 이웃에 사는 유봉석과 개성에서 장사를 할 때 알게 된 황해도 사람인 김순립, 흥해[21] 사는 유일부도 소식을 듣고 한걸음에 달려와 주었다. 세 사람 모두 뱃길을 잘 아는 사공들이었다.

---

21. 지금의 경상북도 포항시 북구 흥해읍.

배가 떠나기로 약속한 날이 되자 뇌헌 스님은 승담, 연습, 영률, 단책이라는 네 명의 제자를 데리고 왔다. 왜인들과 글로도 대적할 수 있도록 이인성과 김성길이란 선비도 데려왔다. 이인성과 김성길은 모두 진사 시험에 합격한 사람들이었다. 용복은 두 사람을 보고 깜짝 놀랐다.

"나리들께서 저를 따라 왜국까지 가신다고요?"

"나라에서도 하지 못하는 일을 안 장사가 한다는데 어찌 우리가 가만있을 수 있겠소?"

이인성이 대수롭지 않은 듯 대답했다.

김성길도 말을 받았다.

"우리는 글을 잘 아니 필담을 하거나 문서를 작성하는 데 도움이 될 수 있을 거요. 우리도 끼워 주시오. 기꺼이 안 장사를 따르겠소."

용복은 가슴이 뿌듯했다. 이 세상에 자신과 같은 생각을 가진 사람들이 있다는 것만으로도 너무나 기뻤다.

용복은 출항하기 전에 관복을 여러 벌 준비했다. 장군들이 입는 옷과 모자를 구한 다음, '통정대부[22] 안용복'이

---

22. 조선시대 정3품 문관에 해당하는 관직. 국가의 중요한 정책을 결정하는 데 참여했다.

라고 쓰인 호패도 만들었다. 왜국에 도착하여 번주를 쉽게 만나기 위한 방책이었다. 왜인들에게 울릉도와 자산도가 우리 땅이라는 증거를 보여 주기 위해 팔도 지도도 챙겨 넣었다.

"모든 준비가 끝났군."

울릉도로 출항하기 전날, 저녁 일찍 집으로 돌아온 용복은 아내 유 씨와 함께 저녁을 먹었다. 늦게 혼인을 한 탓에 아들은 아직 어렸다.

저녁을 먹고 아내가 부엌에서 설거지를 하는 동안 용복은 아들 동바우를 데리고 놀았다. 아직 돌이 되지 않은 동바우는 용복의 두 손을 잡아야 가까스로 일어날 수 있었다. 동바우가 아장아장 몇 걸음을 혼자서 떼었다.

"이보게, 동바우가 걷네그려."

용복이 놀란 목소리로 호들갑을 떨자 아내가 빙그레 웃으며 방 안으로 들어왔다.

"아직 모르셨어요? 동바우가 걸음마를 시작한 지 벌써 한참 됐어요."

"그런가?"

용복은 머쓱해서 머리를 긁적였다. 바깥일에 바빠 아이가 걷는지도 모르고 있었던 것이다. 아내는 동바우를 품에 안은 채 한동안 말이 없었다.

"왜 그러는가? 내일 출항한다고 하니 마음이 서운한가? 바다로 나가는 것이 어디 어제오늘 일인가? 걱정하지 말게."

한참을 어물거리던 아내가 장롱에서 호패와 옷 꾸러미 하나를 꺼내 와 조근조근 물었다.

"이게 뭔가요?"

그렇잖아도 오늘 밤에 챙기려고 장롱 깊숙이 숨겨 놓았던 것인데 아내가 찾아낸 모양이었다.

"몰라서 묻는가? 호, 호패 아닌가?"

"어째서 양반들이 가지고 다니는 사슴뿔 호패에 당신 이름이 쓰여 있냐고요? 고기잡이 나가는데 호사스러운 비단옷은 왜 필요하고요? 이걸 다 어디에 쓰려는 거예요? 당신이 나쁜 일을 할 사람은 아니지만……."

용복은 할 말을 찾지 못해 머뭇거리다 말했다.

"자네는 알 것 없네."

"당신은 매번 알 것 없다, 알 것 없다, 하지만 이번에는 알아야겠어요. 배를 산 것도 그래요. 도대체 무슨 돈으로 배를 산 거예요?"

용복은 더 이상 숨길 수가 없었다. 그래서 길게 한숨

을 내쉰 다음 사실을 다 털어놓았다. 비단옷과 호패를 준비한 것도, 사람들을 모은 것도 모두 왜국으로 건너가기 위해서라고 말했다.

"왜국으로 건너가 쓰시마 도주의 죄상을 막부에 이야기할 생각이네. 삼 년 전 막부에서 받았던 문서도 다시 받아 돌아올 생각이고. 그 문서만 있으면 울릉도와 자산도에서 왜인 어부들을 몰아낼 수 있어. 그렇게만 되면 우리 땅을 지켜 낼 수 있는 거네."

아내의 눈에서 눈물이 주르륵 흘렀다.

"그건 당신이 할 일이 아니잖아요. 나라에서……"

용복이 말을 잘랐다.

"자네도 누구랑 비슷한 소리를 하는군. 이 일은 누군가 반드시 해야 할 일이네."

아내가 용복의 팔을 붙잡았다.

"아무리 그래도 왜 하필 당신이 나선단 말이에요. 만에 하나 당신이 잘못되기라도 하면 나와 동바우는 앞으로 어쩌란 말이에요."

아내는 참았던 울음을 터뜨렸다. 눈물이 뺨을 타고 흘러서 치맛자락에 뚝뚝 떨어졌다. 용복은 아무런 대꾸도 못 하고 꿀 먹은 벙어리마냥 고개를 떨구었다.

"내 말을 들어 보게. 나는 평생을 바다에서 살아온 사람이야. 바다에서 뼈가 굵었고, 바다를 의지하며 살아왔네. 앞으로도 이 동해 바다에 기대어 살아갈 것이고. 그런데 이 동해 바다에 있는 울릉도와 자산도를 왜놈들이 빼앗아 가려고 흉계를 꾸미고 있네. 두 섬을 빼앗기면 동해 어부들이 큰 어장을 잃게 돼. 절대 빼앗기면 안 되지. 난들 조정에 알리지 않았겠나? 그러나 아무리 소장[23]을 관아에 내도 소용이 없으니 나라도 직접 나설 수밖에."

용복은 말끝에 저절로 한숨을 내쉬었다. 아내가 안타까운 듯 용복을 쳐다보며 물었다.

"나라에서도 하지 못한 일을 당신이 할 수 있겠어요?"

"그렇다고 얼빠진 사람처럼 넋 놓고 있어야겠나?"

"당신 일이 아닌데 무엇 때문에 위험을 감수하며 가려는 건가요? 나와 동바우 생각은 안 하시는 건가요?"

용복은 답답한 마음에 저절로 목소리가 높아졌다.

"이보게, 이건 남의 일이 아니네. 내 일이야. 나는 울릉도와 자산도를 자네와 동바우라 생각하네. 자네와 동

---

23. 소송을 제기하기 위해 관아에 내는 문서.

바우를 왜놈이 빼앗아 가려는 것을 알면서도 보고만 있으라는 건가? 울릉도와 자산도는 대대손손 이 땅의 자손들이 물려받아야 할 우리 땅이고, 우리 섬이야. 그러니 자네도 누군가는 해야 할 일을 내가 나서는 것뿐이라고 생각하게. 그 일이 목숨을 내걸 정도로 위험하다 해도 나는 할 수밖에 없네. 자네에게는 미안하지만 부디 내 마음을 알아주게."

아내는 몸을 돌려 치맛자락으로 눈물을 닦았다. 동바우가 버둥거리다가 용복의 품으로 파고들었다. 용복은 동바우를 안은 채 길게 한숨을 내쉬었다. 동바우의 맑은 눈동자가 용복의 가슴에 와 깊게 박혔다.

다음 날 이른 새벽, 부엌에서 달그락거리는 소리에 용복은 일찍 잠에서 깨었다. 이부자리 위에는 동바우가 곤히 잠들어 있었다. 용복은 슬그머니 다가가 동바우의 얼굴을 내려다보았다. 동바우의 두 눈은 아내를 닮았고, 코와 입술은 영락없이 용복을 닮아 있었다.

용복은 동바우의 넓은 이마를 쓰다듬어 주었다. 눈에 넣어도 아프지 않을 자식을 두고 왜국으로 건너가야 한다고 생각하니 가슴이 답답했다.

일행들과 이른 아침에 출항하기로 약조했다. 어쩌면

이것이 동바우와 함께하는 마지막 순간이 될지도 모른다고 생각하니 용복은 코끝이 찡해졌다.

"일어나셨어요?"

방문이 열리며 아내가 밥상을 들고 들어왔다. 개다리상 위에 하얀 쌀밥과 고깃국이 올라 있었다.

"밥이 왜 한 그릇뿐인가?"

"나는 동바우 깨면 먹을게요."

아내는 깊이 잠들어 있는 동바우를 가리키며 말했다.

"그러지 말고 같이 먹지. 나 혼자 무슨 맛으로 먹겠나?"

용복의 재촉에 아내는 방문을 열고 나가 얼른 밥과 국을 떠 왔다. 아내의 밥그릇에는 하얀 쌀밥이 아니라 좁쌀과 보리가 뒤섞여 있었다.

"자네가 내 밥을 먹게."

용복이 아내의 밥그릇을 빼앗듯이 해 자기 밥그릇과 바꾸었다.

"왜 그러세요?"

"어허, 잔소리 말고 들게."

용복은 아내의 밥을 후적후적 퍼서 먹었다. 아내는 쌀밥을 뜨다가 말고 치맛자락을 감싸며 훌쩍거렸다.

"이 사람 보게. 아침부터 왜 이러는가? 내가 죽으러 가는 것도 아닌데 울긴 왜 울어?"

용복은 아내의 손을 끌어다 꼭 잡았다.

"반드시 살아 돌아올 것이네. 설마 내가 자네와 동바우를 놔두고 죽으러 가겠나? 내가 약속함세. 그러니 울지 말게. 자네, 여태껏 나를 보고도 못 믿는가?"

용복이 어리광을 부리듯 아내의 손을 잡고 흔들었다. 아내는 그제야 고개를 끄덕끄덕하더니 애써 웃는 얼굴을 보였다. 그리고 잠시나마 남편을 원망했던 자신을 부끄러워했다. 자신이 생각하는 것보다 그릇이 훨씬 큰 사람인데, 그런 사람이 나라를 위해 큰일을 하러 간다는데, 소심한 여인네처럼 눈물방울을 떨어뜨리며 막으려 했던 것이 부끄러웠다.

"동바우를 생각해서라도 반드시 돌아오셔야 해요."

"알겠네."

용복은 아내를 품에 안은 채 고개를 끄덕였다.

용복이 집을 나서는 시각에, 동해 바다는 수평선 너머에서 떠오르는 해를 온몸으로 받아 금빛으로 출렁이고 있었다.

울릉도로 가자

　이른 아침 출항 채비를 마친 배가 포구에서 용복을 기다리고 있었다. 봄이면 하늬바람[24]이 불어오기 때문에 영해에서 배로 출발하면 늦어도 이틀 안에 울릉도에 도착할 수 있었다.
　울릉도는 해산물이 풍부해서 한두 달만 어업을 해도 일 년 동안 먹고살 수 있었다. 그래서 동해의 해안 마을에서는 어부들이 배를 끌고 일부러 울릉도까지 찾아와 고기를 잡았다. 그런 어부들의 사정을 관할 관아에서도

---

24. 서쪽에서 부는 바람. 우리나라는 봄에 서쪽에서 동쪽으로 부는 바람인 편서풍의 영향을 받는다.

모르는 것이 아니었으나, 국법임을 내세워 매번 울릉도에 가지 말라는 말만 되풀이할 뿐이었다.

나라에서 울릉도로 가는 것을 금지하였지만 삼 년 동안 흉년이 계속되자 어부들은 살길을 찾아 울릉도와 자산도 근처까지 어업을 나갈 수밖에 없었다. 국법을 어기는 것이니 잡히면 혼쭐이 날 게 분명했지만 굶주리는 처자식들을 위해서는 어쩔 수 없었다.

조정의 신하들 중에 만약 용복과 같은 뱃사람 출신이 단 한 명이라도 있었다면 울릉도와 자산도를 동해안의 어부들에게 개방하고 왜인들이 드나들지 못하게 했을 것이다. 하지만 조정의 관리들이 가난한 어부들의 사정을 알 턱이 없었다. 그래서 안용복 같은 어부가 스스로 땅을 지키고자 나선 것이다.

준비를 빠짐없이 했는지 확인한 뒤에 용복은 큰 소리로 출항을 알렸다.

"자, 출항이다!"

돛이 올라가고 노가 일제히 물을 밀어내자, 배는 천천히 포구를 빠져나가기 시작했다.

"이영차, 이영차!"

다섯 쌍의 노가 일사불란하게 움직였다. 배는 순풍을

만나서 동쪽으로 힘차게 나아갔다. 그리고 다음 날 정오 무렵에는 울릉도에 무사히 닿았다.

울릉도 근해에 다른 어부들의 배가 보이지 않는 것으로 보아 용복의 배가 제일 먼저 울릉도에 도착한 모양이었다. 용복은 배를 섬 북쪽 모래사장에 댔다.

북쪽 해안에는 작은 배 한 척이 드나들 수 있을 만큼 둥그렇게 구멍이 뚫린 괴상한 바위섬이 있었다. 어부들은 그 바위를 코끼리바위라고 불렀다. 해안가에는 뾰족하게 솟은 송곳산이 있었다.

용복이 송곳산을 보며 감탄을 하고 있을 때쯤, 뱃멀미로 고생을 한 스님들과 이인성, 김성길이 파리한 얼굴로 배에서 내렸다.

"어이구, 죽겠습니다. 속을 다 게워 냈지 뭡니까."

"나는 더 이상 나올 것도 없습니다."

젊은 스님들의 말에 김성길이 혀를 내둘렀다.

"나는 하늘이 빙글빙글 도는 것이 저승 문턱을 다녀온 것 같소."

김성길의 말에 어부들이 그럴 줄 알았다는 듯이 서로 눈짓을 하며 허허 웃었다.

이인성과 김성길은 배가 축산도를 지날 때쯤부터 멀

미를 시작했고, 젊은 스님들은 제법 먼 바다에서부터 멀미를 시작했다. 바다를 경험하지 못한 사람들은 하나같이 아침에 먹은 것을 모두 토하고, 선실에 등을 붙이고 누워 하루 밤낮을 보내야 했다. 뱃사람들에게는 이 정도 항해야 아무것도 아니라 뱃멀미를 하지도 않았지만, 바다를 처음 경험하는 사람들에게 뱃멀미는 여간 곤욕스러운 일이 아니었다.

"하하, 그러게 단단히 각오하라고 했잖습니까? 우리 같은 뱃놈들이야 물 위가 더 편하지만 나리들한테는 저승이 따로 없지요."

어부 유봉석이 사람 좋게 크게 웃으며 말했다.

젊은 스님들은 그럭저럭 견디어 냈지만 이인성과 김성길은 정말 저승 문턱까지 다녀왔는지 눈이 푹 꺼지고 볼이 쏙 들어가서 보는 사람조차 불쌍한 생각이 들 정도였다.

"땅에 발만 디디면 뱃멀미가 씻은 듯이 싹 달아날 테니 힘내십시오."

용복도 껄껄 웃으며 스님들과 선비들을 위로했다.

울릉도 해변에 도착한 용복 일행은 부산하게 움직였다. 모래사장에서 멀지 않은 곳에 너와집이 한 채 있었는데, 그곳에 서둘러 짐을 풀었다. 너와집은 울릉도를 찾아 온 어부들이 지내는 곳이었다. 이곳 말고도 산 위로 올라 가다 보면 너와집 몇 채가 더 있었다.

울릉도를 찾아온 어부들은 대개 따로 거처를 마련하 지 않고 비어 있는 너와집에서 몇 달씩 지냈다. 그러니 어부들은 누구랄 것도 없이 임시로 지내기에 불편함이 없도록 그때그때 보이는 대로 집을 손봤다. 또 누가 오더 라도 며칠은 묵을 수 있도록 부엌 항아리에 곡식을 조금 씩 남겨 두는 것이 다른 어부들을 위한 배려였다.

용복 일행이 짐을 푼 너와집의 부엌에도 두어 되 정도 의 보리가 쌀 항아리에 남아 있었다. 전에 이곳에 묵었던 어부들이 놓고 간 것이었다.

일행은 가져온 곡식을 부어 항아리를 가득 채웠다. 부 엌에 있는 항아리에 물도 채웠다. 섬에서는 물이 귀해 스 님들이 네 개의 고리가 달린 항아리에 줄을 묶어 어깨에 지고 가서 물을 길어 왔다. 또 다른 한 패는 마른나무를 한 짐 지고 와 땔감을 마련했다.

늦은 저녁, 일행은 마당에 화톳불을 피우고 저녁밥을 지어 먹었다. 갓 잡은 문어와 전복도 삶아서 막걸리와 함 께 먹었다. 멀미로 고생을 하던 스님들은 장국밥을 만들어 그릇을 깨끗이 비웠다.

이인성과 김성길도 따로 상을 차리지 않고 마당에서 어부들과 스스럼없이 어울려 함께 저녁을 먹었다.

"여기까지 와서 양반, 상민 구분할 게 있소? 따지고 보면 우리는 한배를 탄 사이가 아니오."

이인성의 말에 유봉석도 "그렇지요." 하며 고개를 끄덕였다.

배가 불러 상을 물릴 때쯤, 습기를 머금은 바닷바람이 불어오고 파도 소리가 웅웅거리며 들려왔다.

용복은 먼바다를 바라보며 크게 숨을 들이마셨다.

'이제부터 울릉도에서의 생활이 시작되는군!'

집으로 돌아가기까지 얼마나 걸릴지 알 수는 없었지만, 용복은 결심한 일을 끝까지 포기하지 않고 해결하리라 거듭 다짐했다.

아들 섬 독도

　시간은 쏜 화살처럼 흘러 용복이 울릉도에 들어온 지 어느새 두 달이 지났다. 용복 일행은 왜인 어부들이 정말로 그곳까지 와서 어업을 하는지 확실한 증거를 얻고자 조용히 기다렸다.
　그동안 바다에서 오징어, 문어, 전복, 해삼 등을 잡아 뭍으로 가져가기 쉽게 햇빛과 바람에 말렸다. 전복은 대나무를 하룻밤 바닷가에 꽂아 두면 쉽게 잡혔고, 오징어는 늦은 밤 배를 타고 나가 불을 환하게 밝히면 얼마든지 잡을 수 있었다.
　모두 바다 일을 오래 해 온 사람들이라 손이 빠르고 능숙해서 두 달 사이에 제법 많은 수확을 올렸다. 그동안 다른 지역의 어부들도 찾아왔는데, 많을 때는 울릉도 앞바다에 삼십여 척이나 되는 배가 떠 있을 정도였다.

그러던 어느 날이었다. 용복이 늦은 아침을 먹고 잠시 쉬고 있는데, 유봉석이 부랴부랴 달려왔다.

"형님, 큰일 났소!"

"무슨 일이냐?"

용복은 올 것이 왔나 싶어 벌떡 일어서며 물었다.

"울진에서 온 어부 말이 저포(지금의 저동항) 촛대바위 근처에 왜인 어선들이 수십여 척 몰려왔다지 뭡니까?"

"그래?"

용복의 예감이 맞았다.

"왜선 때문에 뱃사람들이 부랴부랴 떠날 준비를 한답니다. 그 소리를 듣고 득달같이 달려왔어요."

"때가 왔다. 어서 출항 준비를 하자."

용복은 일행을 모두 불러 모아 관복으로 갈아입게 한 뒤 왜인들이 있는 저포로 급히 출항했다. 삼 년 전 자신이 당했던 것처럼 왜국 관원에게 따질 만한 증거를 찾기 위해 왜인 어부들을 이제나저제나 기다리고 있었는데, 기회가 찾아온 것이다.

배는 바람을 맞아 당당하게 물살을 헤치며 나아갔다.

그러나 배에 탄 사람들은 초조한 기색을 감추지 못했다. 용복도 떨리기는 마찬가지였다. 관복을 보고 왜인들이 겁을 집어먹으면 다행이지만 그렇지 않는다면 큰 싸움을 할 수밖에 없었기 때문이다. 게다가 왜인 어부들은 조총을 가지고 있기 때문에 자칫 목숨을 잃을 위험이 컸다.

용복은 잠시 눈을 감았다. 만 가지 생각이 머리를 스치고 지나갔다.

'싸움이 벌어지면 죽는 사람이 생길지도 모르는데, 죽은 자의 가족에게는 뭐라 말할 것이고, 관아에 이 사실이 알려지면 또 어떻게 될 것인가?'

동바우와 아내의 얼굴이 눈앞에서 아른거렸다. 마음속에서는 지금이라도 돌아가라는 목소리와 앞으로 나아가야 한다는 목소리가 어지럽게 다투었다.

"촛대바위가 보인다!"

앞쪽에 앉아 있던 유봉석이 소리쳤다. 과연 촛대처럼 솟아오른 바위가 눈앞에 보였다. 울진 어부의 말대로 촛대바위 맞은편 해안에 십여 척의 왜선이 정박해 있었다. 용복의 배는 천천히 돛 하나를 내리고 촛대바위를 지난 뒤에 나머지 돛을 내렸다.

용복은 배를 왜선들 사이에 정박시켰다. 갑판 위에서

그물을 걷던 왜인들이 일제히 행동을 멈추고 용복 일행을 바라보았다.

용복은 유창한 왜국 말로 고함쳤다.

"이놈들, 대체 여기서 뭣들 하는 것이냐? 여기가 조선의 땅이라는 것을 모른단 말이냐? 남의 나라 땅에서 고기를 잡으려 하다니, 목이 달아나고 싶은 게로구나!"

왜인 어부들은 다들 영문을 몰라 용복 일행만을 뚫어지게 쳐다볼 뿐이었다. 그때 왜인 어부들 가운데 늙은 어부 한 명이 머리를 굽신거리며 나와 물었다.

"이곳은 다케시마가 아닙니까?"

"너희들이 다케시마라고 부르는 이곳은 조선의 땅이고, 울릉도라고 부른다."

용복의 말에 늙은 어부가 눈치를 보더니 동료들에게 무어라고 중얼거렸다. 왜인 어부들은 저희들끼리 한참을 쑥덕거리더니 머리를 조아리며 말했다.

"죄송하게 되었습니다. 우리가 잘못 알고 있었나 봅니다. 마쓰시마에서 고기잡이를 하다가 우연히 이곳까지 왔는데, 이제라도 알았으니 본래 있던 곳으로 돌아가겠습니다."

그 말에 용복은 더 큰 소리로 고함을 쳤다.

"돌아가? 어디로 간단 말이냐? 마쓰시마로? 잘 들어라. 마쓰시마도 본래 조선의 땅이다. 그 섬을 우리는 자산도라고 부른다. 그런데 너희들이 우리 허락도 받지 않고 감히 그곳에서 고기를 잡는다고? 대체 너희 나라는 법도 없느냐? 듣기로 막부가 울릉도와 자산도에 가지 말라는 명을 내린 것으로 아는데, 모르고 있었느냐?"

용복의 호통에 왜인 어부들이 더듬더듬 입을 열었다.

"저희들은 그런 명을 들어 보지 못했습니다."

"그래? 네놈 이름이 뭐냐? 나중에 확인해서 네놈이 거짓말을 했다는 게 들통나면 어쩔 것이냐?"

용복이 이름을 묻자 늙은 어부는 대답하는 대신 동료들에게 무어라 한참을 소곤거렸다. 그러더니 이내 용복에게 사정했다.

"저희가 잘못했습니다. 일본으로 돌아갈 것이니 제발 이름만은 적지 말아 주십시오."

곧이어 늙은 어부가 일행에게 돌아가자고 소리치자, 왜인 어부들은 군말 없이 그물을 거둬들였다. 그러고는 배를 몰아 동쪽 바다로 재빨리 사라졌다. 용복 일행이 순식간에 십여 척의 왜선을 멀리 쫓아 버린 것이다.

"왜놈들이 간다! 왜놈들이 간다!"

용복의 배에 타고 있던 어부들이 소리를 지르며 껑충 껑충 뛰었다. 용복은 멀어져 가는 왜선을 바라보며 이마에 맺힌 땀을 닦았다. 배 한 대로 십여 척의 왜선을 상대하면서 접전이라도 일어나면 어쩌하나 마음을 졸였는데, 생각보다 싱겁게 끝나 안도감이 몰려왔다.

"자산도에도 왜인들이 있다는데 어쩌하면 좋겠소?"

김성길의 말에 용복이 당차게 대답했다.

"그들도 깡그리 몰아내야지요."

다음 날, 용복은 사람들을 다 불러 모았다.

"모두 관복으로 다시 갈아입으십시오."

용복의 말이 끝나자마자 스님들을 제외한 나머지 사람들이 재빨리 옷을 갈아입었다. 용복은 무관들이 입는 푸른 철릭[25]을 입었고, 선원들은 관졸들처럼 검은색 쾌자[26]를 입었다. 용복 일행의 배는 이제 누가 보아도 관선처럼 보였다. 울릉도를 뒤로한 채 용복 일행은 황급히 자산도를 향해 출항했다.

---

25. 무관이 입던 공식 복장. 허리에 주름이 잡히고 큰 소매가 달렸는데, 조선 시대 후기에는 당상관(정3품 이상의 고위 관리)은 남색 철릭을 입었고 당하관(정3품 이하의 관리)은 붉은색 철릭을 입었다.

26. 소매가 없고 등솔기가 허리까지 트인 옛 전투복.

하얀 갈매기들이 바람을 타고 유유히 하늘을 날고 있었다. 먹을 것을 찾는지 배 난간까지 가까이 날아왔다가 위쪽으로 솟아오르는 갈매기들도 많았다.

"돛을 올려라!"

네 명의 젊은 스님과 유봉석이 황포 돛을 올렸다. 그러자 커다란 돛이 쫙 펴지면서 바람을 맞아 배가 불룩해졌다.

배는 바다 위로 껑충껑충 뛰듯이 앞으로 나아갔다. 멀리 수평선 위로 자산도가 보였다. 자산도는 용복도 몇 번가 본 적이 있었다.

'사람이 살기는 힘든 섬이긴 하지. 식수라도 있다면 오래 머물 수 있을 텐데……. 하지만 틀림없는 우리 땅이니 우리가 지켜야지.'

자산도는 가운데의 큰 바위섬 두 개 주변에 작은 바위들이 솟아 있는 것이 마치 부모가 여러 자식들을 데리고 있는 것처럼 보였다.

자산도의 가파른 벼랑 위에는 갈매기와 바다제비가 무리를 지어 살았고, 무성한 소나무에는 황새와 백로가 떼를 이루어 살고 있었다. 물개나 바다사자 같은 바다 동물들도 시시때때로 물 밖으로 나와 볕을 쬐었다.

바다는 유리처럼 투명해서 깊은 바닷속까지 환히 들여다보였다. 비취색 바다를 가만히 내려다보면 물고기가 헤엄치는 것은 물론이고, 성게가 밤송이 같은 몸에 난 가시를 움직이며 돌아다니는 모습, 문어가 수초 사이를 기어다니며 사냥하는 모습까지 한눈에 볼 수 있었다.

어느덧 해가 중천에 떠 있었다. 동틀 무렵 울릉도를 출발했으니 한나절은 배를 탄 셈이었다.

"저기 왜선들이 있습니다!"

유봉석이 소리쳤다. 유봉석의 손가락 끝을 따라가 보니 오른편 섬 아래에 왜선들이 따닥따닥 붙어 있었다.

"연기가 피어오르는 걸 보니 섬에서 밥을 지어 먹는 모양이군. 모두 단단히 준비하게!"

용복이 크게 소리치며 일행의 마음을 다잡았다.

배는 미끄러지듯이 왜선들이 정박해 있는 해안에 닿았다. 해안에 무리 지어 있던 왜인 어부들은 배가 다가오는 것을 보고 당황한 기색을 감추지 못했다. 가까이 다가가 보니 해안 바위가 온통 피투성이였다. 죽은 물범의 시체가 산처럼 쌓여 있었다.

"망할 놈들! 물범 씨를 다 말리겠네."

유봉석이 혀를 차며 씩씩댔다.

"나무아미타불 관세음보살."

뇌헌 스님이 염주를 쥐고 불경을 외자, 뒤에 서 있던 젊은 스님들도 손을 모았다.

"가세!"

용복이 먼저 배에서 훌쩍 뛰어내렸다. 용복의 뒤를 따라 긴 죽창을 쥔 스님들이 내렸고, 그 뒤로 유일부와 유봉석, 김순립 등이 육모 방망이를 들고 내렸다.

"놈들은 조총을 들고 있으니, 저희가 앞서겠습니다."

바로 뒤에 있던 승담 스님이 말했다.

"나한테 맡기십시오."

용복은 손사래를 치며 커다란 솥 앞에 모여 있는 왜인 어부들을 노려보았다. 몇 명은 긴 창을 들고 있었고, 몇 명은 피 묻은 칼을 들고 있었으며, 또 몇 명은 조총을 들고 있었다. 모두 짧은 상의를 입고, 하의는 훈도시[27]만 입은 벌거숭이 차림이었다.

용복은 잠시 생각했다. 자칫하면 큰 싸움이 일어날 수도 있는데, 이쪽이 열한 명인데 반해 왜인들의 수는 서른 명이 넘어 보였다. 더구나 상대방은 칼과 창, 조총까

---

27. 일본의 전통 남성 속옷 하의. 좁고 긴 천 형태이다.

지 들고 있었다. 죽창과 방망이로는 당해 낼 수 없었다. 싸움이 시작되면 결과는 불 보듯 뻔했다. 왜국으로 가 담판을 짓기도 전에 목숨을 잃을 수도 있었다. 이번에도 되도록이면 싸움으로 번지지 않도록 왜인 어부들의 기선을 제압하는 것이 중요했다.

  용복은 호흡을 길게 들이마신 후 아랫배에 힘을 세게

 주었다. 그러고는 왜인들을 향해 성큼성큼 걸어갔다. 용복의 기세에 눌린 왜인들이 좌우로 나뉘며 길을 터 주었다. 용복은 왜인 어부들 사이로 걸어 들어가 커다란 솥 앞에 멈추어 섰다. 솥에서는 무럭무럭 김이 올라오고 있었다.

 용복은 매서운 눈초리로 둘러서 있는 왜인들을 노려

보다가 왜인들이 장작으로 쓰려고 준비해 둔 큰 나무토막 하나를 들었다. 팔뚝 굵기만 한 소나무 토막이었다.

"자산도의 물범을 멋대로 죽인 것도 모자라 자산도의 소나무까지 잘라 네놈들이 쓸 기름을 만들고 있었느냐?"

용복은 소나무 토막을 번쩍 들어 솥뚜껑을 내리쳤다. 솥뚜껑이 '꽝!' 하는 날카로운 소리를 냈고, 솥도 충격을 이기지 못하고 한쪽으로 기울었다. 용복이 다시 한번 발길질로 솥을 걷어차자 솥 안에 있던 기름과 고기가 바닥으로 쏟아졌다. 그 앞에 멍하니 앉아 있던 왜인이 화들짝 놀라면서 엉금엉금 기다시피 무리 속으로 도망쳤다.

칼과 창을 든 젊은 왜인들이 앞으로 나섰다. 네 명의 젊은 스님들이 용복의 좌우에 둘러서고 유봉석, 유일부, 김순립, 이인성, 김성길도 방망이를 세웠다. 그러자 조총을 든 왜인들도 용복 일행을 향해 총을 겨누었다. 용복은 입을 굳게 다문 채 왜인들을 노려보았다.

'이대로 물러설 순 없다. 여기서 물러서면 왜놈들이 우리 조선 사람들을 더욱 우습게 볼 것이다.'

용복은 마음을 다잡고 방망이를 바닥에 내던졌다. 그리고 유창한 왜국 말로 소리쳤다.

"용기 있으면 쏴라! 허나 그 전에 똑똑히 알아 두어

라, 네놈들이 조선 관리를 죽인 것이 알려지면 네놈들 목도 무사하지 못할 것이다!"

그때 늙은 왜인 어부가 무리 사이에서 나오며 말했다.

"모두 무기를 내려라! 조선 관리의 말이 옳다. 조선 관리를 죽이면 우리도 목이 잘린단 말이다!"

칼과 창, 조총을 든 왜인들이 늙은 어부의 말에 슬금슬금 무기를 내렸다. 그사이 용복은 속으로 몇 번이나 차오르는 숨을 내쉬었다.

늙은 어부가 몸을 돌려 용복에게 다가왔다. 용복은 눈을 부라리며 늙은 어부에게 따져 물었다.

"너희 나라로 돌아가라고 했는데 어째서 아직도 돌아가지 않았느냐?"

늙은 어부는 머리를 굽신거리며 말했다.

"저희는 해마다 이곳에서 고기를 잡았습니다."

용복이 매섭게 그 말을 잘랐다.

"다시 말하지만 이곳에서 고기를 잡아서는 안 된다!"

늙은 어부가 난처한 표정으로 말했다.

"저희는 싸움을 원하지 않습니다. 지금이라도 돌아갈 것이니 노기를 푸십시오."

용복은 그제야 목소리를 낮추었다.

"알아들었으면 됐다. 너희 나라로 돌아가거든 누구도 이 섬에 와서는 안 된다는 사실을 꼭 전해라."

"그리하겠습니다."

늙은 어부는 용복에게 꾸벅 인사를 하고 무리로 돌아가 말을 전했다. 하지만 왜인 어부들은 뜻이 맞지 않는지 소리를 지르며 저희들끼리 심하게 다투었다. 젊은 어부들은 칼을 치켜들고 용복을 노려보기도 했다.

왜인 어부들은 한참 동안 실랑이를 벌인 뒤에야 체념을 하고 하나둘씩 짐을 챙겼다. 얼마 지나지 않아 모든 왜선들이 썰물 빠지듯이 물러갔다. 왜선이 멀어지자 유봉석이 들고 있던 방망이를 내려놓으며 그제야 안도의 숨을 내쉬었다.

"휴, 십년감수했네."

다들 이마에 땀이 송골송골 맺혀 있었다. 용복이 점점이 작아져 가는 왜선들을 바라보며 말했다.

"내 짐작이 맞았어. 왜인 어부들은 이 섬에 가지 말라는 막부의 명령을 전혀 모르고 있어."

곁에 있던 김성길이 물었다.

"막부가 이 섬에 왜인들을 못 오게 한 것이 정말이오?"

"예, 제가 삼 년 전에 왜국 어부들이 울릉도와 자산도에 오는 것을 금지시키겠다는 문서를 막부로부터 받았습니다."

김성길이 깜짝 놀라며 다시 물었다.

"막부의 명이라면 우리나라에서는 임금의 명이나 다름없는데, 어째서 왜인 어부들이 그 명을 모를 수 있단 말이오?"

"왜인 어부들이 저를 속였거나, 법령이 어부들에게 전달되지 않았거나 둘 중 하나입니다."

용복의 말에 김성길이 곰곰이 생각한 뒤 조심스레 자신의 의견을 말했다.

"내 생각에는 왜인 어부들이 우리를 속인 것 같소. 법령은 전달되었는데 어부들이 무시를 한 게지. 왜놈들은 교활해서 눈앞에서는 간이라도 빼 줄 정도로 굽실거리지만 돌아서면 칼을 휘두르는 자들이니 믿을 수 없소."

묵묵하게 이야기를 듣고 있던 용복이 입을 열었다.

"어부들이 저를 속였다면 다시 한번 따지면 될 것이고, 법령이 알려지지 않았다면 다시 약속을 받아 내면 되지 않겠습니까?"

이인성이 놀라며 물었다.

"막부의 쇼군을 만나는 게 쉬운 일은 아니잖소?"

용복은 주먹을 꽉 쥐어 보였다.

"막부에 송사를 해 볼 작정입니다. 진사 어르신들을 모신 것도 바로 그 때문이지요. 물론 목숨이 걸린 일이기도 합니다. 하지만 하나하나 따져 묻고 약속을 받아 오지 않으면 왜인 어부들이 또 찾아올 테고, 자기네 땅이라 계속 억지를 쓸 겁니다."

그러자 유일부가 용복의 손을 그러쥐며 말했다.

"걱정 말게. 우리가 따라갈 테니! 처음 우리가 뭉친 것도 왜국으로 가기 위함이 아니었는가? 왜인 어부들이 울릉도와 자산도에 와서 고기잡이를 하는 것을 보았으니, 이제 왜국으로 가서 직접 따지세. 그리고 울릉도와 자산도는 우리 땅이라고 당당하게 말하자고."

"좋아요, 갑시다! 우리 땅을 왜국에 빼앗길 순 없지요."

유봉석이 커다란 주먹을 흔들었다. 뇌헌 스님과 젊은 스님들도 그 말에 고개를 끄덕였고, 이인성과 김성길까지 함께하겠다고 뜻을 모았다. 용복은 한마음이 되어 준 일행이 있어 그 어느 때보다 마음이 든든했다.

왜국으로

 다음 날 용복과 일행을 태운 배는 동쪽 바다를 향해 출항했다. 목적지는 왜국이었다. 배는 순풍을 맞은 듯이 순조롭게 나아갔다. 바람도 좋았고 물결도 높지 않았다.
 그러나 출항한 지 이틀째 되는 날 저녁부터 빗방울이 떨어지기 시작하더니 금세 빗줄기가 굵어졌다. 이어 파도가 배를 삼킬 듯 높이 솟구쳤다. 배는 바람 따라 흔들리는 나뭇잎처럼 물결을 따라 이리저리 출렁거렸다. 뇌헌 스님 일행과 이인성, 김성길은 갑판 아래 있는 선실로 대피했고, 안용복과 김순립, 유일부와 유봉석 네 사람이 노를 잡고 거센 파도에 맞서 싸웠다.
 "우리 배는 목선이라 거센 물결을 정면으로 맞으면

산산이 부서져 버릴 걸세."

노련한 사공 김순립이 뱃머리를 물결과 같은 방향으로 움직였다. 배가 여러 번 높은 물결을 타고 하늘 높이 솟구쳤다가 아래로 곤두박질쳤다. 파도는 금방이라도 갑판을 덮쳐 사람들을 쓸어 버릴 기세였다.

"뱃전을 꽉 잡게!"

노를 잡고 있는 김순립이 갑자기 소리쳤다.

쾨쾅!

집채 같은 파도가 갑판 위로 떨어졌다. 뱃전을 잡고 있던 유봉석이 그 바람에 바다로 떨어졌다.

"봉석아, 밧줄을 잡아라!"

용복은 뱃전을 꽉 붙잡은 채 밧줄을 던졌다. 유봉석은 밧줄을 향해 힘껏 헤엄쳤다. 그러나 막 밧줄을 잡으려는 찰나, 큰 파도가 다시 유봉석을 집어삼켰다.

"봉석아, 봉석아, 어디 있냐!"

용복은 목이 터져라 유봉석을 불렀다. 순간 물속에서 유봉석이 얼굴을 내밀며 밧줄을 움켜잡았다.

"형님, 빨리 밧줄을 당겨요!"

"아! 그래, 그래."

용복은 젖 먹던 힘을 다해 밧줄을 잡아당겼다. 마침내

유봉석이 뱃전을 붙잡자, 용복이 재빨리 목덜미를 잡아 올렸다.

"봉석아, 괜찮으냐?"

용복이 유봉석의 얼굴을 살피며 물었다.

"형님, 제 별명이 뭡니까? 영해 물개 아닙니까. 이 정도로는 끄떡없지요!"

유봉석의 너스레에 용복은 가슴을 쓸어내렸다.

폭우와 풍랑은 다음 날 아침까지 계속되었다. 갑판 위에서 고생하던 네 사람도 거센 파도와 싸우느라 파김치가 되었지만, 갑판 밑에 있던 사람들도 멀미 때문에 초주검이 되고 말았다. 파도가 가라앉고 나서 갑판 위에 모인 일행의 모습은 정말 보고 있기 안쓰러워 눈물이 날 정도였다.

"몰골 좀 보십쇼. 시체가 따로 없습니다."

"자네도 마찬가지일세. 사돈 남 말 할 때가 아니라고."

일행이 서로를 보며 한바탕 웃고 있을 때였다. 유봉석이 손가락으로 동쪽을 가리키며 소리를 질렀다.

"저기 육지가 보입니다!"

"육지가 나왔다고?"

너도나도 유봉석이 가리키는 곳을 보았다. 육지가 분

명했다. 드디어 왜국에 도착한 것이다.

배가 해안가에 닿자 머리를 박박 민 왜인 하나가 용복을 보고 어디론가 허둥지둥 달려갔다. 잠시 뒤 그 왜인이 바둑판무늬의 검은 옷을 입은 사내와 종종걸음으로 달려왔다. 용복은 복장을 보고 달려온 사내가 관리라는 것을 단번에 알았다.

용복이 유창한 왜국 말로 물었다.

"우리는 조선에서 왔소. 여기가 어디요?"

관리는 용복이 왜국 말을 하는 것을 보고 안심한 표정을 지었다.

"여기는 오키 섬이오."

용복은 조금 낯익어 보이는 섬을 둘러보며 속으로 생각했다.

'이곳이 삼 년 전에 왔던 오키 섬이라고? 그러고 보니 부두가 눈에 익은 것도 같네.'

관리의 안내를 받고 배는 포구에 정박했다. 저녁 무렵이라 용복 일행은 관리가 정해 준 민가에 들어가 밥을 지어 먹고 지친 몸을 풀었다. 그리고 누가 먼저랄 것도 없이 금세 코를 골며 곯아떨어졌다.

얼마나 눈을 붙였을까, 날이 채 밝지도 않았는데 두런

두런하는 말소리가 들렸다.

"배를 샅샅이 뒤져라!"

용복은 그 소리에 눈을 번쩍 떴다. 용복이 벌떡 일어나 밖으로 나가려 하자 왜국 관리가 지키고 있다가 앞을 막아섰다.

"무슨 짓이오?"

용복의 고함에 놀라 다른 일행도 문 앞으로 몰려왔다.

"조사할 게 있으니 잠시 기다리시오."

왜국 관리는 용복 일행을 민가에 가두고 관졸들을 시켜 배 구석구석을 조사했다. 그런 뒤에 용복 일행을 불러 이름을 묻고, 의복과 소지품을 조사했다. 조사가 끝나자 왜국 관리가 용복에게 물었다.

"일본에는 무엇 때문에 온 거요?"

용복은 대답 대신 소매 속에서 팔도 지도를 꺼내 관리 앞으로 쑥 내밀었다.

"이게 뭐요?"

"보면 모르오? 조선의 팔도 지도요."

용복이 그중 강원도 지

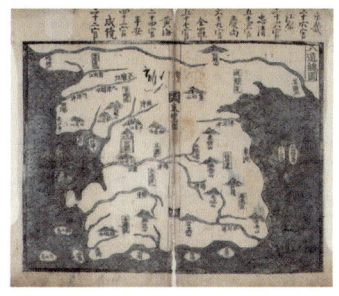

조선 시대의 지리지 『신증동국여지승람』에 실린 전국 지도 「팔도총도」. 동해에 떠 있는 두 섬 중 왼쪽 섬이 우산도(독도)다.

도를 펼쳐 놓고 울릉도를 가리키며 말을 이었다.

"여기 보이는 울릉도는 조선 강원도 울진현에 속하는 섬이오. 이 섬을 일본에서는 다케시마라고 부른다지요?"

이번에는 자산도를 가리켰다.

"마찬가지로 조선의 자산도를 일본에서는 마쓰시마라고 부른다고 들었소. 하지만 이 지도를 똑똑히 보시오. 분명 두 섬은 울릉도와 자산도라고 우리 지도에 기록되어 있소. 이것은 막부에서도 인정했소. 삼 년 전에 막부는 일본 어선들이 두 섬에 가는 것을 금지하겠다고 약속했소. 그런데 작년에도, 올해도 일본 어선들이 계속 찾아오니 이게 어찌 된 일이오? 일본 어선들이 막부의 명을 따르지 않으니 내가 직접 쇼군을 만나 따지려고 왔소."

왜국 관리는 매우 놀란 표정을 지었다.

"내가 돌아가서 자세히 알아보고 올 테니, 여기서 한 발짝도 움직이지 마시오."

조사를 마치고 돌아간 관리는 밤이 되도록 소식이 없었다. 용복은 답답하여 감시하고 서 있는 왜인 무사에게 일이 어떻게 되었는지 몇 번이나 물었다. 그러나 대답은 매번 같았다.

"호키 국으로 사람을 보냈으니 기다리시오."

유월 초순이라 가만히 있어도 땀이 뻘뻘 흘렀다. 답답한 다다미방 안에 여러 사람들이 갇혀 있으니 더 죽을 맛이었다. 며칠을 초조하게 기다리던 용복이 자리에서 벌떡 일어났다.

"모두 일어나십시오. 갑시다!"

"어디를 가자는 건가?"

김순립이 두 눈을 껌뻑거리며 물었다.

"일단 이곳을 나갑시다. 여기 있어서는 아무것도 안 될 것 같으니, 우리가 직접 호키 국주를 찾아갑시다."

"국주가 어딨는 줄 알고 찾아간다는 건가?"

"이곳에 갇혀 있는 것보다는 낫습니다!"

용복이 손을 휘저으며 목소리를 높였다.

"밖에서 지키는 무사들은 어쩌고? 저놈들이 가만있지 않을 텐데……."

"기껏해야 죽기밖에 더하겠습니까?"

용복이 먼저 장지문을 박차고 바깥으로 나갔다. 그 뒤를 스님들이 따라 나갔고, 이어 유일부, 김순립, 유봉석이 웃옷을 걸쳐 입으며 따랐다.

지키고 있던 왜인 무사들이 용복의 앞을 막아섰다.

"한 걸음도 나오지 못하게 하라는 명을 받았소!"

그 말에 용복이 코웃음을 치며 벼락같이 소리쳤다.

"비켜라! 네놈들이 무엇이기에 내 앞길을 막느냐? 설마 조선의 관리를 해치려는 게냐? 그랬다가는 너희 목숨도 무사하지 못할 것이다. 호키 국주에게 직접 가서 따질 것이니 비켜라!"

당당한 기세에 눌린 듯 무사들은 슬금슬금 물러섰다.

"상부에 보고할 테니 기다리시오!"

무사 하나가 궁리 끝에 겨우 입을 열었다.

"기다리라고 한 날이 벌써 보름이 지났다. 더 기다릴 수 없으니 당장 비켜라!"

용복은 성큼성큼 걸어가 무사들의 날카로운 칼 앞에 몸을 들이댔다. 무사들은 움찔 놀라며 서로 눈치를 보다가 이내 길을 열어 주었다.

용복과 일행은 재빠르게 몸을 움직여 배에 올랐다. 무사들이 포구 앞까지 우르르 따라왔지만 이러지도 저러지도 못하고 갑판 위의 용복 일행만 멍하니 바라볼 뿐이었다.

"너희 상관에게 가서 전해라. 기다리다 소식이 없어서 내가 직접 호키 국주를 만나러 간다고!"

용복은 왜인 무사들을 향해 소리쳤다. 그러고는 닻을

올리고 출항 명령을 내렸다. 돛 두 개가 활짝 펴지자 포구에 정박해 있던 배가 천천히 바다를 향해 움직였다.

배는 동쪽으로 미끄러지듯이 나아갔다. 하지만 얼마 가지 못해 다시 뱃머리를 돌려야 했다. 왜국의 관선을 만났기 때문이다. 관선은 용복 일행을 돗토리 번 이나바 국에 있는 아오야라는 포구로 끌고 갔다. 아오야는 돌산이 파도를 막아서 자연적으로 포구가 만들어진 곳이었다.

용복 일행은 아오야에서 여드레 동안 조사를 받고 나서, 그곳에서 얼마 떨어지지 않은 도젠지라는 절에 머물며 답을 기다렸다. 그나마 다행인 것은 용복 일행이 절에서는 비교적 자유롭게 지낼 수 있었다는 것이다. 뇌헌 스님은 제자들과 함께 아침저녁으로 예불에 참여하기도 했다.

용복은 방 안에 누워 생각에 잠겼다.

'오키 섬으로 건너온 것이 5월 18일인데, 벌써 두 달이 되어 가도록 호키 국주에게서 소식이 없구나. 어쩌면 왜국의 관리들이 우리가 지칠 때까지 차일피일 시간만 끌고 있는지도 모르지…….'

이대로라면 일이 언제 해결될지 알 수 없었다. 일이 해결돼야 집으로 돌아갈 수 있을 텐데 하루하루 시간만

가고 있으니 답답한 일이었다.

"이렇게 기다릴 수만은 없어. 내가 직접 움직여야겠다."

용복은 자리를 박차고 일어나 이인성과 김성길을 찾아갔다.

"진사 어른, 소송장 하나 써 주십시오."

용복이 다짜고짜 소송장을 써 달라고 하자 두 사람은 멀뚱멀뚱 용복을 쳐다보았다.

"소송장이라니?"

용복은 자신의 생각을 털어놓았다.

"이건 가장 마지막 수단이었는데, 왜인 관리들이 시간만 잡아먹고 있으니 어쩔 수 없습니다. 막부에 직접 소송장을 보낼 생각이니, 두 분이 궁리를 해서 써 주십시오."

용복은 이인성에게 소송장에 들어갈 대략의 내용을 들려주었다. 어려서부터 오랫동안 왜관을 드나들어서 용복은 쓰시마의 사정을 잘 알고 있었다. 그뿐 아니라 삼 년 전 왜국에 다녀오면서 쓰시마 도주로 인해 고생을 많이 했기 때문에 어떻게 하면 쓰시마 도주의 약점을 잡을 수 있을지 오랫동안 궁리해 왔다.

용복은 그동안 자신이 겪은 일과 조사해 온 것들을 상세히 일러 주었다. 두 사람은 연방 고개를 끄덕이며 용복

의 생각에 힘을 보태어 주었다. 그들은 밤새 의논해 소송장을 완성했다. 그들이 완성한 소송장의 내용은 다음과 같았다.

쇼군 전하!
조선국 통정대부 겸 울릉·자산 양도 감세장[28] 안용

---

28. 안용복이 스스로 만들어 낸 관직 이름으로, '두 섬의 세금을 감독하는 장군'이라는 뜻이다.

복이 삼가 아뢰옵니다. 삼 년 전에 쇼군께서 울릉도와 자산도의 출입을 금지하셨는데, 아직도 일본의 어선 여러 척이 조선 땅 울릉도와 자산도에 침범하여 불법으로 어업을 하고 있습니다.

저는 이것이 쓰시마 도주의 잘못이라고 생각하고 있기에 몇 가지 사실을 말씀드리고자 합니다.

쓰시마 도주는 막부의 명령을 듣지 않고 몇 번이나 울릉도를 두고 다투어 왔습니다. 본래 울릉도와 자산도는 조선의 영토라는 것이 명확하게 드러나 있는데, 사실을 거짓처럼 꾸미고 억지를 써서 두 나라의 관계를 험악하게 만들었으니, 이것이 막부의 뜻은 절대 아닐 거라 생각됩니다.

계유년(1693년) 조선의 어부 두 사람이 일본에 끌려왔을 때도, 당시에 조선인 어부는 쇼군께 울릉도와 자산도가 조선의 영토이며 일본 어부들이 드나들지 못하도록 하겠다는 문서를 받았는데 쓰시마 도주는 사사로이 그 문서를 빼앗고 중간에서 위조까지 서슴지 않았습니다. 그리고 몇 번이나 쓰시마의 사신을 보내 조선 조정과의 관계를 불편하게 만들었습니다.

그뿐입니까? 계유년 당시 조선 어부들이 귀국할 때

송환 비용이라는 명목으로 오키 국의 대관에게서 받은 은화 이천 냥을 빼앗기까지 하였습니다. 저는 이 이야기를 들었을 때 쓰시마 도주가 쇼군 전하의 충성스러운 신하인지 실로 의심스러웠습니다.

쓰시마 도주의 죄상은 이뿐이 아닙니다. 쓰시마 도주는 조선과 일본 두 나라 사이에서 무역을 독점하며 양국 관계에 큰 죄를 짓고 있습니다. 한 가지 예로 부산 왜관에서 장사하는 일본 상인과 조선 상인 사이에서 이윤을 강제로 빼앗아 자신의 배를 채우고 있습니다.

쓰시마 도주가 구리와 납 등을 조선에 수출하고 그 대가로 받아 가는 쌀이 일 년에 일만 육천 섬인데, 육천 석을 떼먹고 막부에는 일만 섬이라고 보고하고 있습니다. 또한 조선의 인삼을 수입하여 독점 판매하는데, 일본에 가져와 열 배의 가격을 붙여 팔고 있습니다.

쓰시마가 조선과 일본의 바닷길 가운데에 위치하여 양국의 무역을 독점한 지 오래되었는데, 그 비리를 어찌 짧은 글로 다 쓸 수 있겠습니까?

위에 열거한 몇 가지 사실은 제가 보고 들은 것을 보탬 없이 기록한 것이니 충성스러운 신하를 시켜 사실을 확인해 보시면 쓰시마 도주의 죄가 명확하게 밝혀질 것입니다.

이에 저는 한 가지 대안을 쇼군께 말씀드리고자 합니다.

조선과 일본의 무역로로 울릉도를 지나는 바닷길을 새로 만드는 것입니다. 그동안 쓰시마는 조선과 일본을 잇는 독점적인 무역로였기에, 그로 인하여 수많은 문제들이 생겼습니다.

쓰시마 도주가 막부의 명을 어기고 사사로이 조선과의 외교에 나서는 무례를 범하고, 독점 무역을 통해 이득을 취한 게 그 증거입니다. 청컨대 울릉도를 통한 무역로를 만든다면 조선과 일본 상인들에게 두루 이익이 될 것입니다.

부디 현명하신 쇼군께서 조선과 일본의 관계를 위해 지혜로운 판단을 하시기 바랍니다. 아울러 이번 기회에 동해에 있는 울릉도와 자산도가 조선의 땅임을 더욱 명확하게 밝혀 주시기를 바랍니다.

본관 안용복이 의분을 참지 못하여 죽음을 무릅쓰고 먼바다를 건너와 아뢰옵니다.

- 조선국 울릉·자산 양도 감세장 안용복 올림

담판을 짓다

소송장은 막부에 전해지기도 전에 어찌 된 영문인지 전 쓰시마 도주 소 요시자네의 손에 먼저 들어갔다. 소송장을 책임지는 관리가 소 요시자네와 가까운 사이였기 때문이었다.

"이, 이런…… 이 일을 어쩌나?"

소송장을 본 소 요시자네의 손이 부들부들 떨렸다. 소 요시자네는 임진왜란 후 쓰시마를 중간 무역으로 크게 번성시킨 사람이었다. 35년간 쓰시마 도주를 지내다가 용복이 왜국으로 넘어오기 전해인 1692년 큰아들 소 요시쓰구에게 도주 자리를 물려주었다. 요시쓰구는 성미도 급하고 욕심도 많았지만 도주 자리에 앉은 지 2년 만에

병으로 갑작스럽게 죽고 말았다. 요시자네는 하는 수 없이 열한 살밖에 되지 않은 작은아들 소 요시미치를 도주 자리에 앉히고 쓰시마와 에도를 오가며[29] 섭정을 하고 있었다.

요시자네는 소송장을 든 채 안절부절못했다. 소송장에 쓰시마 도주의 죄상이 낱낱이 적혀 있었기 때문이다. 예로부터 쓰시마는 땅이 척박해 농사를 짓기 어려웠기 때문에 왜구들의 본거지가 되어 왔다. 그러다 세종 대왕의 정벌로 경상도에 소속된 이후부터 조선과 왜국을 잇는 다리가 되어 물건들을 사고팔기 시작했다. 조선과 왜국의 무역은 오직 쓰시마를 통해 이뤄졌기 때문에 중간에서 막대한 이득을 남길 수 있었다. 그런데 조선과의 독점 무역이 깨진다면 당장 먹고사는 것이 큰 문제가 될 것이었다. 울릉도와 돗토리로 통하는 바닷길이 새로운 무역 통로가 된다면 쓰시마에 미칠 타격은 불을 보듯 뻔했다. 그뿐 아니라 쓰시마는 임진왜란 이전부터 문서와 도장을 위조하여 두 나라 사이에서 큰 이득을 보고 있었다.

---

29. 에도 시대 각 지방의 영주들은 1년은 영지, 1년은 에도에서 번갈아 지내야 했다. 이것을 '참근 교대'라고 한다.

이런 모든 내용들이 소송장에 상세히 기록되어 있었다.

쇼군이 소송장을 보게 된다면, 자신은 물론 어린 아들 요시미치까지도 위험에 처할 것이 뻔했다. 어쩌면 스스로 목숨을 끊어야 할지도 모르는 상황이었다.

"우리가 살아남기 위해서는 안용복의 소송장이 쇼군께 전해지는 것을 반드시 막아야 하네."

요시자네의 말에 신하 스야마 쇼에몬이 물었다.

"어떻게 하실 생각이십니까?"

"대신들의 입을 뇌물로 막아야겠네."

"뇌물이라 하시면?"

스야마가 조심스럽게 다시 물었다.

"인삼이지. 조선의 인삼이라면 자다가도 벌떡 일어나니까. 대신들은 내가 맡을 테니 스야마 자네는 어서 돗토리 번으로 가서 조선인들의 입을 막게. 조선인들이 소송을 접지 않으면 일은 더욱 커지게 될 것이고, 우리 모두에게 큰 화가 미칠 것이네."

요시자네는 돗토리 번으로 떠나는 스야마를 문밖까지 따라 나와 다시 한번 단단히 일렀다.

"한시가 급한 일이니 시간을 끌어서는 안 되네. 돗토리 번으로 가서 문제를 빨리 해결하게. 쓰시마의 존망이

달린 일이네. 상대를 자극하여 괜한 부스럼은 만들지 말 게. 지금은 일단 조선인들을 안심시켜 일이 커지는 것을 막아야 하네."

"예, 명심하겠습니다."

스야마는 명을 받고 즉시 돗토리 번으로 향했다.

같은 시각, 용복 일행은 돗토리 번 안에 있는 아오시마라는 작은 섬에 갇혀 있었다. 소송장을 보낸 것이 알려지자 왜국 관리들은 용복 일행의 외출을 금지하고 주민들과도 접촉하지 못하도록 막았다. 그뿐만이 아니었다. 용복 일행을 굶겨 죽일 작정이었는지 음식을 전혀 주지 않았다. 용복 일행은 섬에서 뱀을 잡아먹고 풀뿌리를 캐먹으며 한 달이 넘는 시간을 견뎌야 했다.

어느덧 왜국에 들어온 지 석 달이 지났다. 시간이 갈수록 용복 일행들은 점점 지쳐 갔다. 그러나 용복은 꿋꿋하게 소송장의 답장을 기다렸다.

그렇게 덧없이 시간이 흘러가고 있을 때였다. 하늘이 더없이 맑고 화창한 어느 날, 정오 무렵 돗토리 번에서 관리들이 배를 타고 건너왔다.

"그동안 안녕하셨습니까?"

관리들은 전에 없이 상냥한 말투로 인사를 건넸다. 용복이 버럭 화를 냈다.

"사람을 이런 섬에다 가둬 놓고 안녕하셨냐니? 누구 놀리는 거요? 전에 보낸 소송장은 어떻게 되었소? 한 달이 지났는데 왜 아무런 답신이 없는 게요?"

관리 한 명이 샐샐 웃으며 가까이 다가왔다.

"이렇게 화를 내시면 무섭습니다. 그러지 않아도 제가 좋은 소식을 가지고 왔으니 그만 화를 푸십시오."

그 말에 용복은 기대에 찬 목소리로 물었다.

"무슨 소식이오? 소송장에 대한 답신이 왔단 말이오?"

"어제 막부에서 여러분의 귀국을 허락했습니다. 내일 아침부터 수로 공사를 할 것이니 수로가 뚫리면 곧장 귀국하셔도 좋습니다."

왜국 관리가 딴청을 피우며 대답하자 용복은 기가 막혀 잠시 말문이 막혔다.

"그게 무슨 귀신 씨나락 까먹는 소리요? 소송장에 대한 답으로 우리의 귀국을 허락했다는 말이오? 누굴 바보로 아는 거요? 우리가 여기에서 석 달 동안 기다린 게 그저 무사히 조선에 돌아가기 위해서였는 줄 아시오?"

용복은 왕방울 같은 눈을 치켜뜨고 삿대질을 했다.

"그것이 아닙니다. 제 이야기를 들어 보십시오."

관리가 겁을 집어먹은 듯 두 손을 저으며 말했다.

"금년 일월에 쇼군께서 일본의 모든 곳에 명을 내려서 다시는 다케시마에 가서는 안 된다고 분부하셨습니다. 쓰시마에서도 그 명령을 조선 조정에 곧 통보할 것이고, 우리 돗토리 번에서도 어부들에게 다케시마와 마쓰시마에는 가지 말라고 분부를 내릴 것입니다."

용복은 듣는 둥 마는 둥 코웃음을 쳤다.

"내가 한 번 속지 두 번 속을 줄 아시오? 쓰시마 도주는 더더욱 믿을 수 없소. 그리고 다시 한번 말하자면 다케시마와 마쓰시마가 아니라 울릉도와 자산도요."

그러자 관리가 얼른 말을 끊으며 나섰다.

"그럼 쓰시마에서 온 관리와 이야기를 해 보시겠습니까?"

"쓰시마에서 사람이 왔다니 대체 무슨 소리요?"

"직접 얘기를 하겠다 찾아왔으니 만나 보십시오."

잠시 뒤 관리는 마흔쯤으로 보이는 관리 한 명을 데려왔다. 그 관리는 나무 상자를 든 부하와 함께 배 위로 올라와서 용복에게 공손하게 인사를 했다.

"저는 스야마 쇼에몬이라고 합니다. 여러분이 우리 쓰

시마와 오해가 깊으신 것 같아 이렇게 찾아왔습니다."

"오해? 나는 오해 같은 건 없소."

용복이 퉁명스럽게 대꾸했다.

"제가 모두 말씀드리겠습니다. 여러분은 쓰시마가 쌀의 양을 속인다고 하였는데 그것은 사실과 다릅니다. 조선에서 쌀이 건너올 때에 비라도 맞게 되면 쌀이 썩어 버립니다. 그 손실은 저희가 책임지기 때문에 가격이 높아지는 겁니다. 또한 조선과 일본은 무게의 단위가 다르지 않습니까."

"그럼 인삼은 어떻게 된 거요?"

용복이 묻자 스야마가 더욱 살랑대며 말을 이었다.

"장사라는 것이 무엇입니까? 물건을 판매하여 이익을 얻는 것이 아닙니까? 장사를 하는 사람은 이윤뿐만 아니라 손실까지 생각해야 합니다. 인삼이 먼바다를 건너서 올 때에는 그만큼 손실이 있습니다. 배를 사용하는 값도 내야 하고 선원들의 삯도 우리가 내야 합니다. 가격이 자연히 높아질 수밖에 없지요. 쓰시마는 중간 무역으로 살아가고 있습니다만 때때로 손해를 보기도 합니다. 그럴 때에는 오직 인삼에 의지할 수밖에 없습니다. 값을 부풀리는 것이 죄라면 죄지만 삼 년 동안 기근이 들어서 어쩔 수 없었다는 것을 이해해 주십시오."

스야마의 말은 그럴듯했다. 용복 역시 장사를 해 봐서 그 사정은 이해했다. 하지만 일 처리가 불순하기 짝이 없어 괘씸한 마음이 쉬이 가시지는 않았다.

용복이 목소리를 조금 누그러뜨리고 말했다.

"좋소. 그럼 삼 년 전 울릉도와 자산도가 조선의 영토라는 막부의 문서를 빼앗은 것은 무슨 이유에서 그런 거요? 쓰시마 도주는 나에게 울릉도와 차산도가 저희 땅이 될 것이라고 했는데, 그게 말이 되는 소리요? 이 문제에 관해서만은 절대 양보할 수 없소."

스야마가 대답 대신 부하에게 눈짓을 하니, 부하가 들고 있던 나무 상자를 용복의 앞으로 내밀었다.

"작지만 받아 주십시오."

부하가 나무 상자를 열자 돈이 가득 들어 있었다. 용복은 눈을 부릅뜨고 소리쳤다.

"이게 뭐요? 지금 돈으로 나를 설득하려는 것이오?"

"아닙니다. 이것은 삼 년 전 쓰시마에서 빼앗은 은화 이천 냥을 돌려 드리는 겁니다. 그동안의 이자를 쳐서 계산한 것이니 오해하지 마십시오."

용복은 나무 상자를 발로 세게 차며 말했다.

"필요 없소! 돈 때문에 여기까지 온 것이 아니오. 나는 울릉도와 자산도 문제에 관해서 담판을 지으러 왔으니 할 말 없으면 가시오. 나는 소송장에 대한 막부의 답장을 받고서 돌아갈 것이오."

스야마가 울상을 지으며 용복을 올려다보았다.

"저희가 여러분에게 큰 죄를 지었습니다. 울릉도와 자산도는 조선의 영토가 맞습니다. 이후로 일본 어선들이 건너가지도 않을 것입니다. 쇼군의 명령이 이미 내려졌으니 이번에는 확실히 약속하겠습니다. 뒤에 다시 그곳에서 어업을 하는 일이 있으면 쓰시마에서도 엄중히 문책할 것이니 제발 용서해 주십시오."

용복은 뜻을 굽히지 않았다.

"나는 막부의 문서를 받아 돌아갈 것이오. 그건 그렇고, 혹시 내가 막부에 보낸 소송장이 당신들에게 전달되었소?"

용복이 대강 눈치를 채고 묻자, 스야마의 얼굴빛이 새파래졌다. 쇼군에게 갈 문서를 이번에도 중간에서 가로챘으니 이 사건마저 알려진다면 쓰시마의 앞날은 캄캄해질 게 뻔했다.

용복은 더욱 기세등등하게 말했다.

"외교 문서를 위조하는 것이 쓰시마 도주의 특기라는 것은 잘 알고 있소. 소송장이 당신들의 손으로 들어간 것 같은데, 그렇다고 내가 포기할 것 같소? 하늘을 손바닥으로 가린다고 가려질 것 같소? 이곳에서 굶어 죽는 한이 있더라도 열 번, 스무 번 소송장을 계속 보낼 것이오. 그리하여 쓰시마뿐 아니라 온 일본 땅에 울릉도와 자산도가 조선 땅임을 알리겠소."

스야마가 무릎을 꿇고 용복의 가랑이를 붙잡고 늘어졌다.

"제발 살려 주십시오. 삼 년 전 조선 어부를 홀대했던 쓰시마 도주는 이미 죽었습니다. 재작년에 그 아우가 도주가 되었는데 올해 겨우 열세 살입니다. 만약 이 일을 쇼군께서 아시게 된다면 어린 도주는 스스로 목숨을 끊어야 합니다. 어린 도주께서 무슨 죄가 있다고 배를 가르고 돌아가셔야 한단 말입니까. 하라는 대로 다 할 것이니 제발 소송장만은 거둬 주십시오."

스야마는 어린 도주를 들먹이며 눈물까지 뚝뚝 흘렸다. 그 모습을 보자 용복도 개운하지는 않았다.

'또다시 속는 것은 아닐까?'

애써 머리를 흔들었지만, 그 순간 어린 동바우가 떠올

랐다. 쓰시마의 일은 반드시 바로잡아야 했지만, 죄 없는 어린 도주를 죽일 수는 없었다.

"좋소. 그렇다면 한 가지만 물어보겠소. 막부가 울릉도와 자산도를 조선의 영토로 인정하고 어부들의 출입을 금지한 것이 사실이오?"

스야마가 눈물을 훔치며 냉큼 대답했다.

"예, 금년 일월에 쇼군의 명령이 내려왔습니다. 두 섬은 조선의 영토입니다."

"그렇다면 지체 없이 조선에 이 사실을 알려야 할 것이 아니오?"

용복이 다시 눈을 부릅뜨자 스야마는 머리를 땅에 조아리고 대답했다.

"예, 곧장 조선 조정에 이 사실을 알리겠습니다. 또한 일본 어부들에게도 법령을 내려 그 섬에 가지 못하도록 하겠습니다."

"확실히 믿을 수 있겠소?"

용복이 다그치듯 물었다.

"어느 앞이라고 거짓을 고하겠습니까? 제발 어린 도주님을 생각해서라도 소송장을 거둬 주십시오."

용복도 더 이상 고집을 부릴 수 없었다. 울릉도와 자

산도는 조선의 영토라고 확인을 받았고, 왜인들이 다시는 건너오지 못할 것이라는 약속까지 받았다. 더구나 쓰시마의 신하가 지체 없이 조선 조정으로 그 사실을 알리겠다고 했으니, 이것으로 용복의 목적은 달성되었다.

"좋소. 그렇다면 그대를 믿고 소송장을 거두겠소."

"고맙습니다. 저희가 태산 같은 은혜를 입었습니다."

스야마가 넙죽넙죽 절을 하며 말했다. 용복은 돈이 든 나무 상자를 스야마에게 되밀었다.

"돈은 다시 가져가시오. 정 주어야겠다면 쓰시마의 표민옥[30]에 맡겨 두었다가 조선 어부들이 표류했을 때 사용해 주시오."

"그리하도록 하겠습니다."

용복은 마지막으로 한 번 더 다짐을 받았다.

"다시 말해 두지만 조선으로 돌아가서 그대가 말한 것이 지켜지지 않는다면 나는 내년에도 다시 찾아올 것이오. 내년이 안 된다면 후년에, 후년이 안 된다면 그 후

---

30. 쓰시마에 있었던 표류민 집단 수용소. 우리나라 해안에서 고기잡이를 하던 어부들이 풍랑으로 조난이 되면 대부분 해류를 따라 쓰시마나 일본 서쪽 해안으로 표류하게 됐는데, 이들을 표민옥에 머무르게 했다가 조선에서 관리가 와서 협상을 하면 귀국시켰다고 한다.

년에 또 찾아올 것이오. 그때는 더 이상의 관용은 베풀지 않을 것이니 명심하시오."

"알겠습니다. 꼭 명심하겠습니다."

진땀을 흘리던 스야마는 약속을 지키겠다고 거듭 고개를 조아리며 물러갔다.

그리운 집으로

스야마 쇼에몬이 돌아가자 뇌헌 스님이 왜인들이 찾아온 이유를 물었다.

"쓰시마 도주의 신하가 찾아와서 죄를 빌고 다시는 두 섬을 침범하지 않겠다는 다짐을 했습니다."

용복의 말이 끝나자마자 일행은 약속이나 한 듯 서로의 손을 꼭 잡으며 탄성을 질렀다.

뇌헌 스님이 웃으며 말했다.

"나라에서도 못 한 큰일을 했군. 목적한 일은 이루었으니 이만하면 몇 달 왜국에서 고생한 보람이 있네."

용복은 입가에 미소를 지으며 말했다.

"저 혼자 한 일이 아닙니다. 여러분이 도와주지 않았

다면 불가능했을 겁니다."

용복은 모든 공을 함께 온 일행에게 돌렸다.

"형님, 그럼 이제는 집에 갈 수 있는 거유? 집에 있는 처자식들이 내 얼굴 다 까먹겠소."

유봉석이 눈을 동그랗게 뜨고 물었다. 용복은 대답 대신 고개를 주억거렸다.

"휴, 이제 한시름 놓았네. 그건 그렇고, 쓰시마 관리가 준 돈을 받지 않은 것이 좀 아쉽긴 하오."

유봉석의 말에 일행은 다 같이 껄껄 웃었다.

저녁때가 되자 왜국 관리가 입쌀로 지은 밥과 호사스러운 반찬에 술까지 가지고 와서 대접했다. 용복 일행은 밤늦게까지 배불리 먹으며 일을 마치고 무사히 집으로 돌아가게 된 것을 기뻐했다.

다음 날 약속대로 돗토리 번에서 사람들이 나와 수로를 파기 시작했다. 그리고 하구의 모래를 파서 수로를 내기 시작한 지 이틀 만에 물길이 열렸다.

작은 배들이 줄로 용복의 배를 묶고 아오야 포구까지 끌고 내려갔다. 왜국 관리들은 포구에서 용복 일행이 먹을 양식과 물 등을 준비하고 기다리고 있었다. 배가 닻을 올려 출항할 때도 왜국 관리들은 배를 타고 먼 곳까지 따라와서 용복 일행을 전송해 주었다.
 배는 물살을 가르며 아오야 포구를 무사히 빠져나왔다.
 "자, 이제 돌아갑시다!"
 용복이 힘차게 노를 저으며 말했다. 다섯 쌍의 노가 물을 밀어내자 배는 서쪽 바다로 미끄러지듯이 나아갔다. 잠시 뒤에는 배 주위로 큰 고래들이 다가와 하얀 물거품을 내뿜으며 바다 위로 높이 솟구쳤다가 큰 꼬리로 수면을 철썩 치고는 다시 가라앉는 게 보였다.
 "저놈들도 조선으로 함께 가자는 모양이구먼."
 방향타를 잡고 있던 김순립이 웃으며 말했다.
 "그런 모양입니다."
 용복이 따라 웃으며 대답했다. 그러고는 김순립과 갑판에 서 있는 뇌헌 스님과 이인성, 김성길을 차례차례 돌아보았다. 또 노를 잡은 승담, 연습, 영률, 단책과 유봉석, 유일부를 돌아보았다.
 '이 사람들이 도와주지 않았다면 혼자서 울릉도와 자산도의 문제를 해결할 수 없었을 거야. 암, 혼자서는 어림도 없는 일이지.'
 조선의 영토를 지키기 위해 위험한 바닷길을 두말없이 따라와 준 고마운 사람들이었다.

"뭣들 하는 거야? 집에서 추석 쇠려면 어서어서 노를 저어야지!"

김순립의 활기찬 목소리에 용복은 퍼뜩 정신을 차리고 더 힘껏 노를 저었다.

배가 바람을 받으며 앞으로 빠르게 내달리자 용복은 잠시 숨을 고르고 푸른 바다 저편을 바라보았다. 목숨을 걸고서라도 반드시 지켜 내야 하는 울릉도와 자산도가 아련하게 보이는 듯했다.

"왜국 막부한테도, 쓰시마 도주한테도 확답을 받았으니 다시는 두 섬을 넘보지 못할 테지. 허나 울릉도야, 아들 섬 자산도야, 또다시 넘본다 하더라도 앞으로는 걱정하지 마라. 내가, 아니 우리 모두가 목숨을 걸고라도 꼭 지켜 줄 테니 말이다."

용복은 마치 아들 동바우를 지켜 낸 것 같은 뿌듯한 기분이 들었다. 왜국으로 건너갈 때는 두렵고 떨리는 마음이 컸지만 돌아가는 길은 하늘을 날아가는 갈매기들처럼 몸과 마음이 가벼웠다.

"형님, 이제 집에 돌아가면 두 다리 쭉 뻗고 주무십시오!"

유봉석이 너스레를 떠는 소리를 들으며 용복은 갑판

위에 서서 고향이 있는 서쪽 바다를 바라보았다. 저 멀리 수평선 너머에서 반가운 아들 섬 자산도가 배를 향해 손짓을 하는 듯했다.

"어서어서 가야지. 우리 동바우가 이제는 막 뛰어다니겠구나."

용복은 활짝 웃으면서 다시 노를 잡았다. 동바우 생각을 하니, 두 팔과 두 다리에 부쩍 힘이 들어갔다. 마음 같아서는 그대로 집까지 한 번도 쉬지 않고 노를 저을 수 있을 것만 같았다.

독도 담판 뒷이야기

　다케시마와 마쓰시마에는 본래 일본 사람이 거주한 일이 없고, 요나고 주민들이 그 섬에서 고기잡이를 할 수 있게 해 달라고 부탁하기에 이를 허락한 것뿐이다. 그곳의 지리를 따져 보면 돗토리에서 160리 떨어져 있고, 조선과의 거리는 40리 정도다. 이것으로 보더라도 일찍부터 다케시마와 마쓰시마가 조선의 영토라는 사실을 의심할 수 없다. 다케시마와 마쓰시마 때문에 양국의 사이가 나빠지는 것은 좋지 않으니, 이후에 일본 백성들이 그곳 섬으로 고기잡이 가는 것을 금하도록 하라.

1696년 1월 28일, 일본의 쇼군 도쿠가와 쓰나요시는 울릉도와 자산도(독도)에 대한 영유권 주장을 단념하고 일본 어민에게 도해 금지를 명령했다. 쓰시마 도주의 질긴 외교 분쟁이 있었지만 조선 조정에서는 단호하게 울릉도와 독도의 소유권을 주장했고, 마침내 일본에서도 그 사실을 인정하고 받아들인 것이다. 그런데도 일본 어민들이 버젓이 울릉도와 독도 해역까지 들어와 고기를 잡자, 안용복은 두 번째로 일본으로 건너가 담판을 지었다.

　안용복은 1696년 3월, 자신과 뜻을 같이하는 사람들을 모아 함께 울릉도로 건너갔고, 두 달 뒤인 5월 18일에 오키 섬으로 건너갔다. 6월 4일, 다시 일본 돗토리 번으로 건너간 용복 일행은 그곳에서 쓰시마 도주의 사죄를 받고 8월 6일 귀국 길에 올랐다.

　그러나 집으로 돌아온 안용복의 앞날은 순탄치 않았다. 안용복과 일행은 곧장 관군에게 체포되어 한양으로 압송되었다. 그리고 의금부에 갇혀 심한 문초를 받은 뒤 간신히 목숨을 건지고 귀양을 가게 되었다.

　그렇지만 안용복의 용감한 행동 덕분에 쓰시마 도주와 일본 막부는 울릉도와 독도를 깨끗이 포기했다. 1696년 10월 16일, 쓰시마 도주가 일본 어민의 울릉도 도해 금지를 결정하였음을 사신을 통해 알렸고, 다음 해부터 1년여 동안 조선과 일본은 울릉도와 독도에 대해 입장 차이를 좁혀 갔다. 그리하여 1698년 4월, 조선 조정과 쓰시마는 울릉도와 독도의 영유권을 확인하는 문서를 확정하고, 1699년 1월 막부도 양해했음을 알려 오면서 영유권 문제가 매듭을 짓게 되었다.

참고문헌

『조선왕조실록: 숙종실록』, 민족문화추진회, 1993.

『신증동국여지승람』, 민족문화추진회, 1969.

신유한, 『해유록』, 보리, 2006.

이덕무, 『청장관전서』, 민족문화추진회, 1981.

이익, 『성호사설』, 민족문화추진회, 1977.

권오단, 『안용복』, 산수야, 2010.

김문길, 『청산하지 못한 한일 관계사』, 부산외국어대학교 출판부, 2005.

김병렬, 『독도: 독도자료총람』, 해양수산부, 1997.

김흥식, 『안용복 재판정 참관기』, 서해문집, 2024.

김희영, 『이야기 일본사』, 청아출판사, 1996.

방기혁·정영미, 『울릉도·독도 사수실록』, 비봉출판사, 2007.

이균옥, 『동해안 별신굿』, 박이정, 1998.

박병섭, 「안용복 사건에 대한 검증」, 한국해양수산개발원, 2007.

함께 읽으면 좋은 산수야의 동화

북소리   2014 세종도서 문학나눔 선정 도서

권오단 글 | 호와민 그림 | 184쪽 | 10,000원

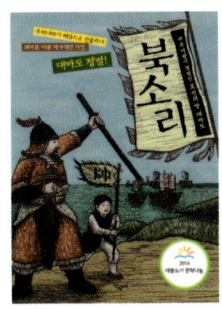

대마도가 우리의 땅이었다는 사실을 알고 있는가? 1419년 세종 1년, 상왕이 된 태종의 주도 아래 대마도를 정벌해, 대마도는 경상도에 속한 고을이 되었다. 대마도 정벌은 우리나라가 더 넓은 바다로 나아간, 큰 사건이었다. 『북소리』는 왜구에게 가족을 잃은 소년 순돌이의 시선으로, 대마도 정벌로 대마도가 조선의 영토가 되는 200여 일의 과정을 그린 이야기다. 역사를 차근차근 알아 가면서 우리 것을 지킬 수 있는 힘을 기르자.

독도의 숨겨진 비밀 여의주를 찾아라

권오단 글 | 배봉진 그림 | 152쪽 | 12,000원

일본은 전쟁에서 패하고 우리나라에서 물러났지만, 식민지 통치를 잊지 못하는 일본인 노인 다이치는 일본의 세계 재패를 꿈꾼다. 그러기 위해 자연을 마음대로 할 수 있는 능력을 지닌 여의주를 손에 넣으려고 한다. 현우와 지연이는 다이치의 음모에 맞서, 『삼국유사』 속에 숨겨진 수수께끼를 풀며 여의주를 찾아 나선다. 그 신나고 재미있는 모험에 함께해 보자.

조선의 어부, 독도의 운명을 바꾸다

지금까지도 일본은 독도가 자기 땅이라고 주장하지만, 그에 맞서 독도가 우리 땅임을 전 세계에 알리는 사람들이 있습니다. 조선 시대에도 아무 권력이 없었지만 독도를 지켜 낸 평범한 어부가 있었습니다. 일본까지 건너가 '독도는 조선의 땅'이라는 확인 문서까지 받아 온 배짱 한번 두둑한 남자, 안용복의 이야기를 들려드리려고 해요.

이 이야기를 읽는 여러분이 독도가 홀로 있는 외로운 섬이 아니라 우리 가까이에, 우리 마음속에 살아 있는 소중한 영토라는 것을 느꼈으면 좋겠습니다. 이제는 여러분 한 사람 한 사람이 제2, 제3의 안용복이 되어 우리 땅 독도를 지킬 차례입니다.

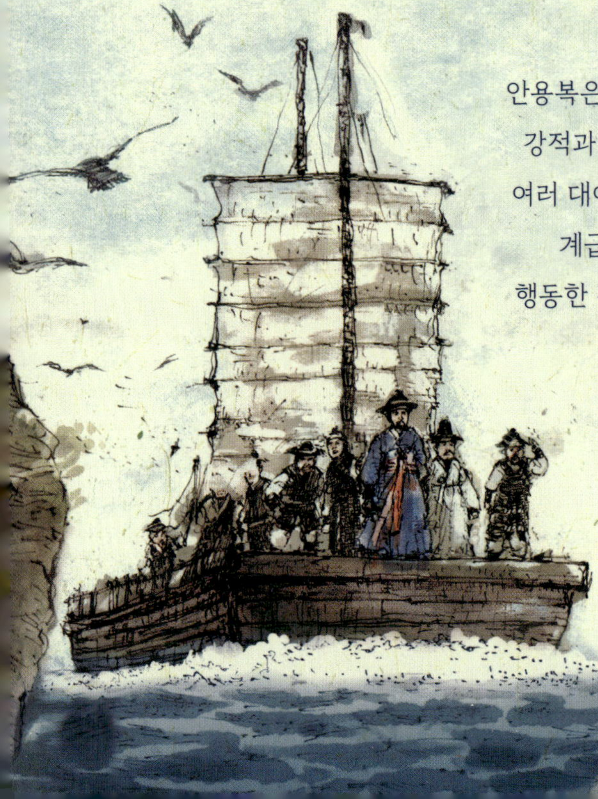

안용복은 죽음을 무릅쓰고 나라를 위해
강적과 겨뤄 그 간사한 마음을 꺾고,
여러 대에 걸친 분쟁을 그치게 하였다.
계급은 일개 졸병에 불과해도
행동한 것을 보면 진짜 영웅호걸답다.
-이익, 『성호사설』에서

73810
9 788980 976324
ISBN 978-89-8097-632-4 값 14,800원